水野　直（明治12年－昭和４年）

南部銈子　水野忠亮　間部清子　南部利克　大多喜大河内家 間部貴子　水野　直　水野貞子　松平保男　松平進子　水野信子

大正８年水野忠亮邸にて撮影　写真提供：水野勝之氏

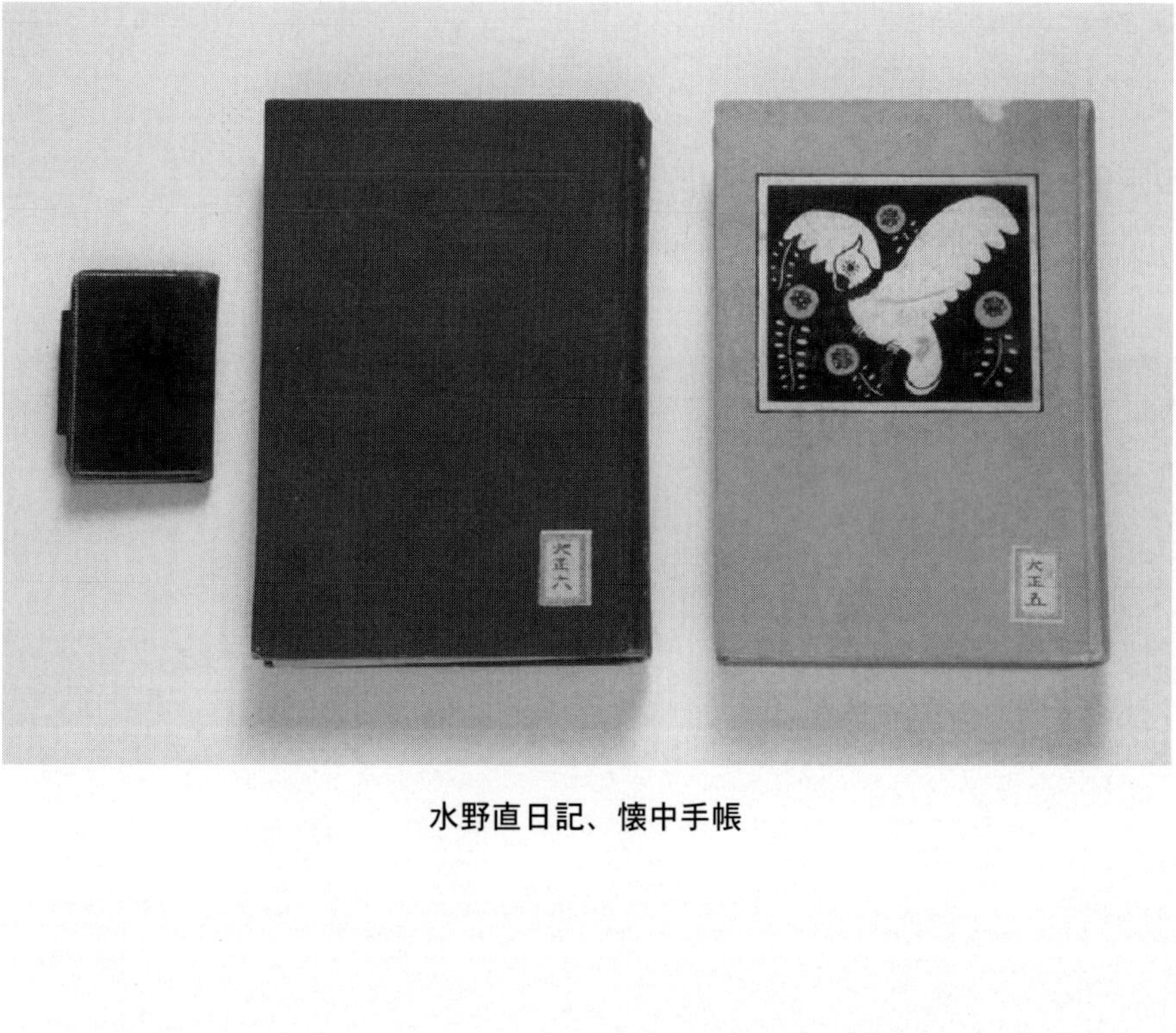

水野直日記、懐中手帳

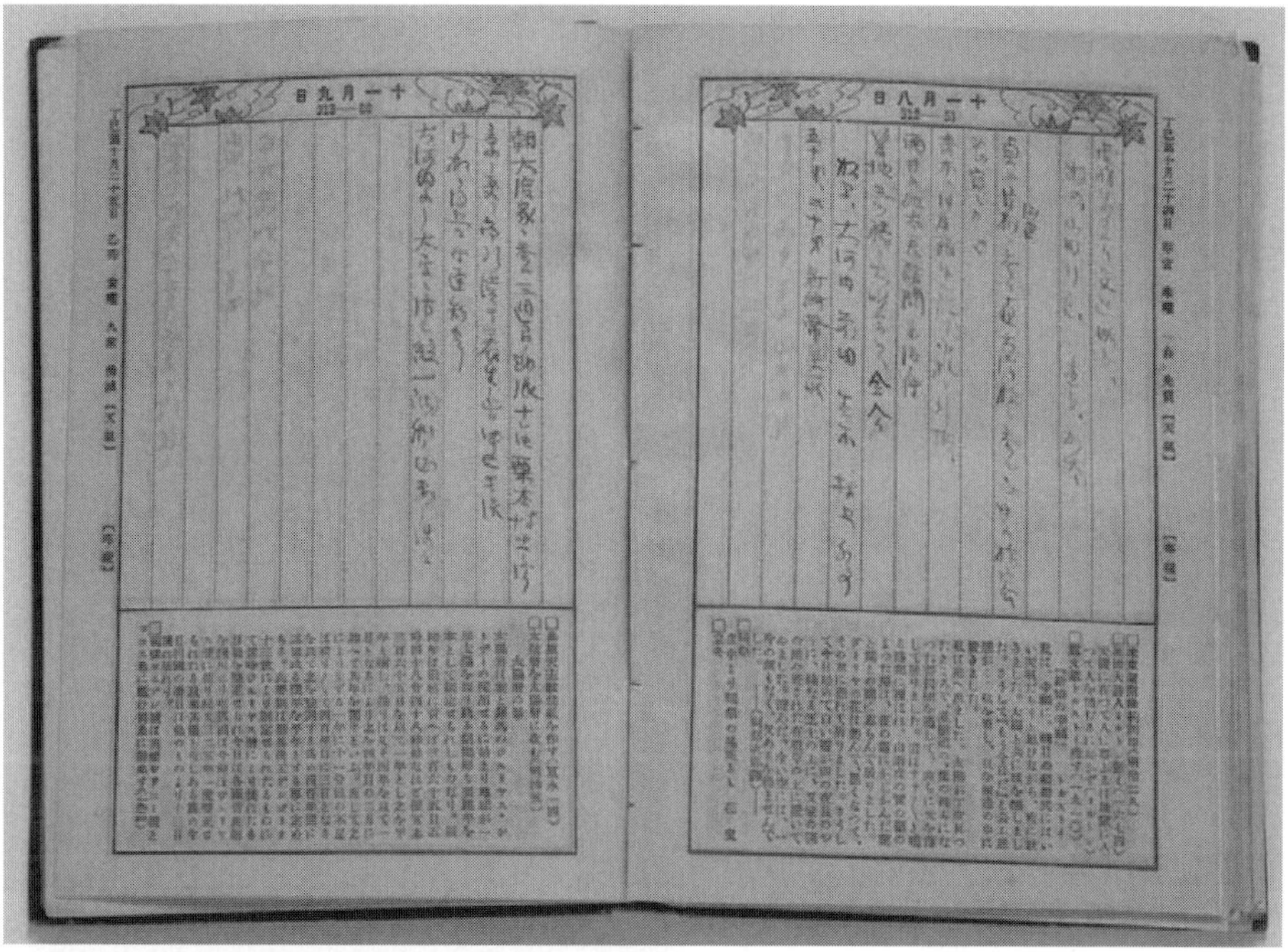

日記原本
大正６年11月8・9日

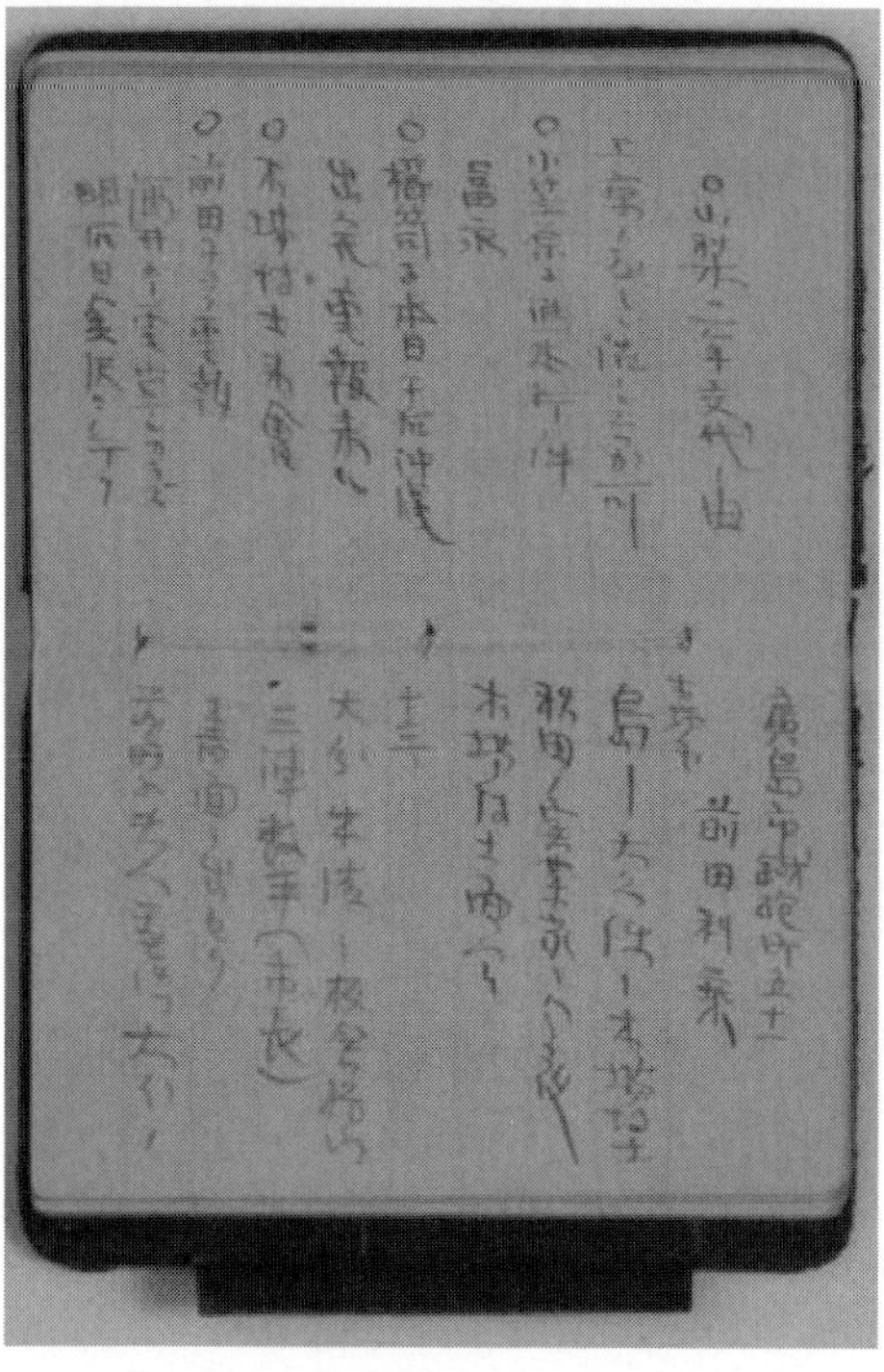

懐中手帳原本
大正７年５月12日

懐中手帳原本
大正７年５月19日

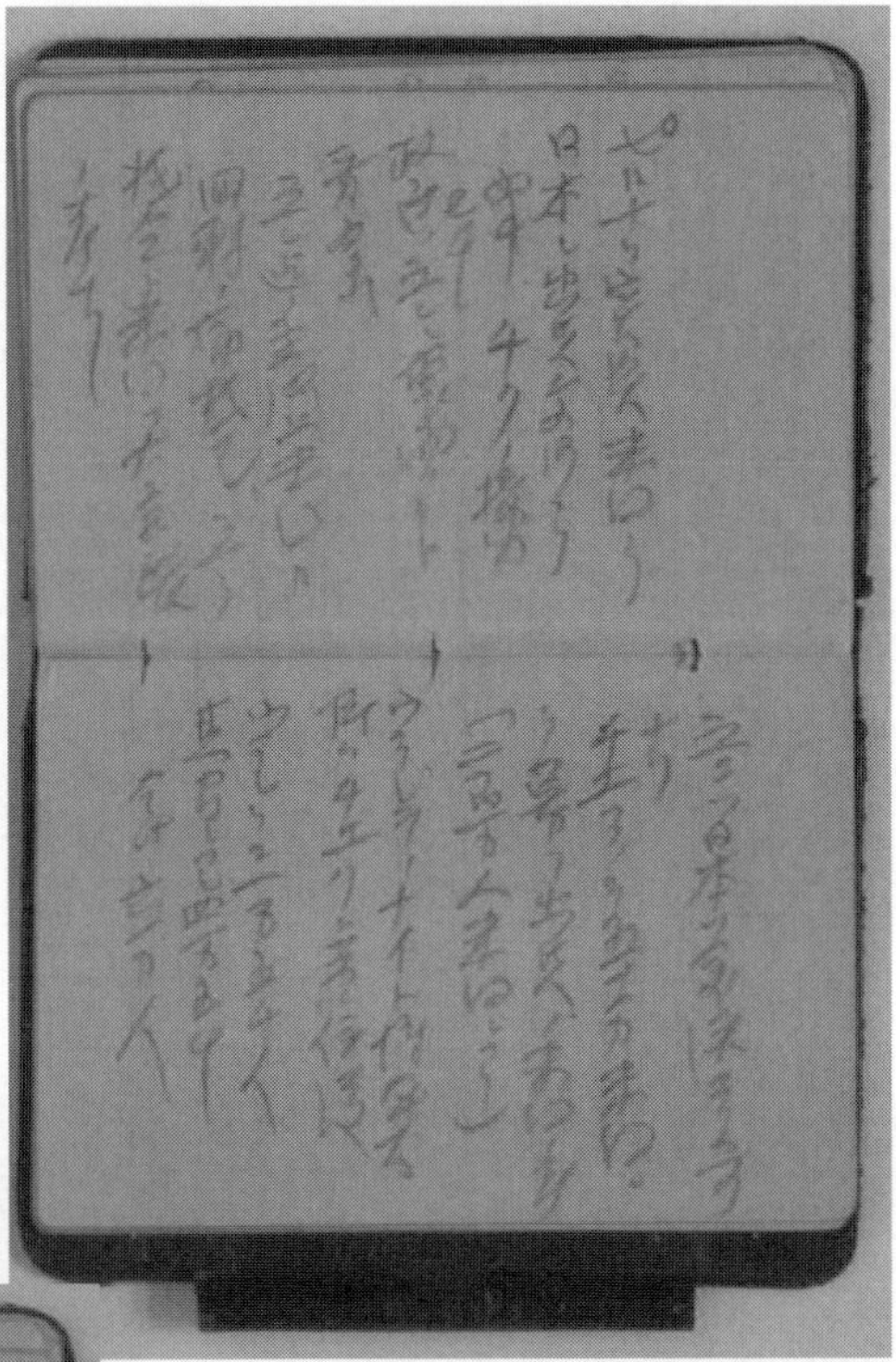

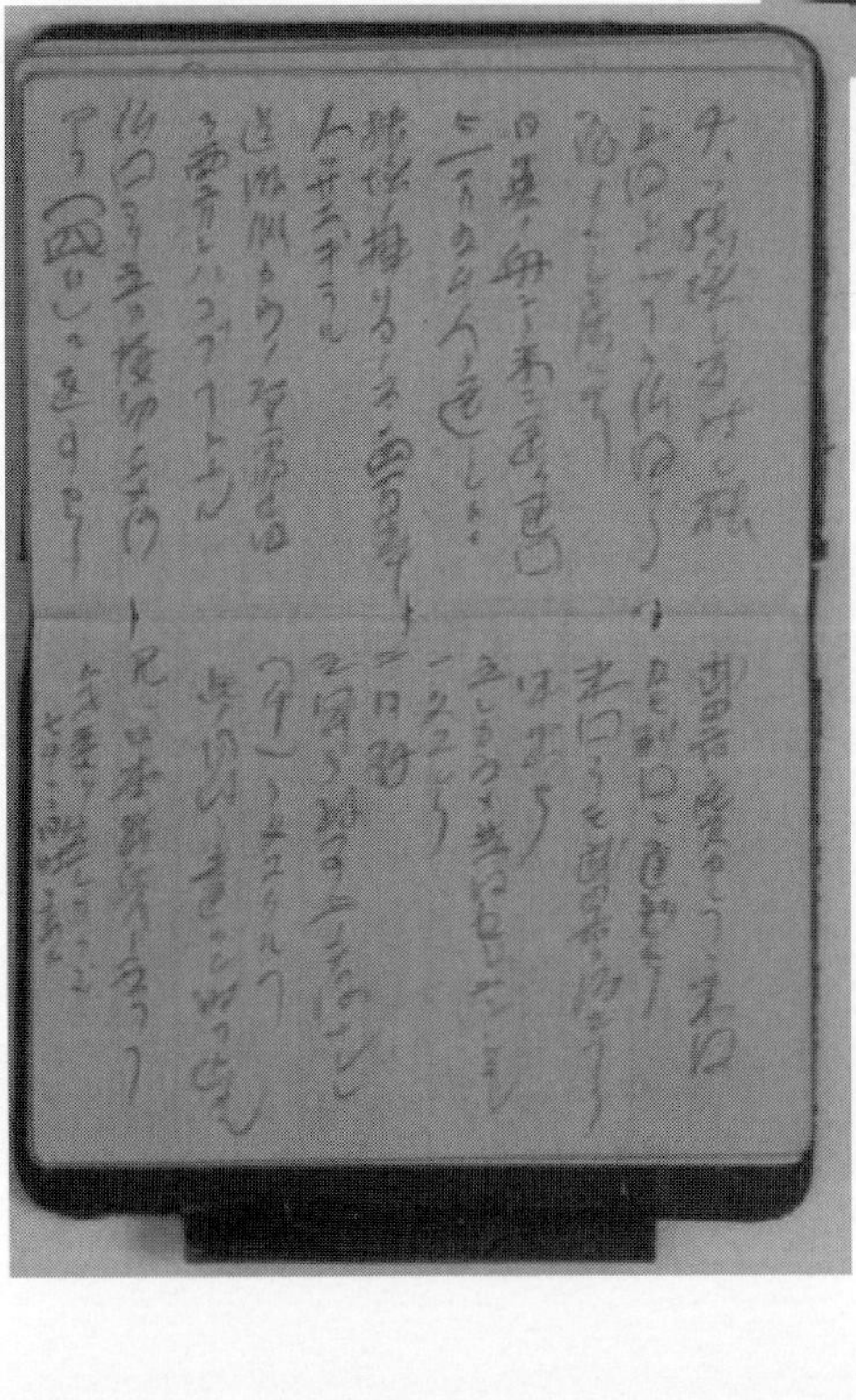

懐中手帳原本
大正７年５月19日

尚友ブックレット32

貴族院　研究会の領袖　水野直日記

――大正五年～大正七年――

尚友倶楽部
西尾林太郎　編集
松田　好史

芙蓉書房出版

刊行のことば

現行憲法の下で、帝国議会は国会となり、貴族院は参議院へ引き継がれた。尚友倶楽部（前身・研究会、尚友会）は、明治以来、貴族院の選出団体として重要な役割を果たしてきたが、戦後は、純公益法人として、日本文化の国際的理解に役立つと思われる、公益事業や、学術団体、社会福祉、などへの援助を中心に活動をつづけている。

近現代史に関連する資料の公刊もその一環である。昭和四十六年刊行の『貴族院の会派研究会史・附尚友倶楽部の歩み』を第一号として、平成二年までには十二冊の「尚友報告書」を発表した。平成三年刊行の『青票白票』を第一号とする「尚友叢書」は、平成二十九年には四十冊となり、近現代史の学界に大きく寄与している。

一方「尚友ブックレット」は、第一号『日清講和半年後におけるドイツ記者の日本の三大臣訪問記』を平成六年に非売品として刊行し、以後三十一冊を刊行し今日に至っている。「尚友ブックレット」は、原文書のみならず関連資料も翻刻刊行してきているが、未公開の貴重な資料も含まれており、一般の方々からも購入の要望が多く寄せられてきたので、二十一号から一般にも入手できるような体制を整えてきた。

今回、ブックレット第三十二号として、貴族院議員・子爵水野直の大正五年、六年、七年の日記をとりあげた。水野直は貴族院の会派研究会に所属し、研究会常務委員、臨時教育会議委員、学習院評議員、学習院御用係、陸軍政務次官等を歴任した。今回刊行する日記は研究会が貴族院の一大勢力となっていく時期にあたり、研究会の国政への参与を研究する貴重な資料である。
今後も研究等に有効に用いて頂き、近現代史の学術研究に役立つことを願っている。

二〇一七年十一月

一般社団法人　尚友倶楽部
理事長　波多野敬雄

貴族院 研究会の領袖 水野直日記 目次

凡例

一、本書は国立国会図書館憲政資料室所蔵「水野直関係文書」のうち、大正五、六年の日記と大正七年の懐中手帳を翻刻・収録したものである。

一、表記は原則として常用漢字に改めたが、一部の人名等は旧字体のままとした場合もある。また、「水の」「牧の」等の表記は「水野」「牧野」に改めた。

一、仮名遣いは原文のままとし、固有名詞、擬音語、擬態語等を除く片仮名は平仮名に改めた。濁点・半濁点は原文のままとし、合字は開いた。

一、誤字には正字または〔ママ〕を附したが、慣用的な表現や記主が習慣的に用いている表記はそのままとした。

一、適宜句読点を附した。

一、原文の判読不明の箇所には文字数分の□を当て、文字数が不明の場合には〔数字不明〕とした。

水野　直日記

大正五年

大正五年一月一日

議長官舎。村井吉兵衛。村井弥吉。三島弥太郎子。酒井忠亮子。徳川慶久公。塩谷温。

午后、牧野忠篤子、大給左伯。邦、廉子学校へ参る。

大給家に於て兼て依頼し置きし各家よりの尺牘を同家に保存し度き旨話しあり、依て快諾。

村井吉兵衛氏夫人今朝四時逝去に付弔詞。

一月二日

参賀不参の為め三郎宮内省へ御使。

楊禅之の梅画、大給左様持参所贈。故伯爵愛蔵の品の由。

森節復、渋谷簪来邸、仙太郎の小僧。

酒井忠亮、白川資長、冷泉為勇、立川長宏、三宅錫之助。

一月三日

鎌倉へ年賀に参る。鯉二尾池へ放つ。金十円預り置き。

牧野忠篤、坂本謙吾、三島子代、立花種忠、一柳剛、水野浩、松平乗長来邸。

仙太郎来邸。

鎌倉行汽車中にて野沢深次郎氏に面会、立川付近の地所の様子を問合、普済寺。

一月四日

尚友会研究会新年会、十一時竹腰文樹氏来邸。来十三日日本橋倶楽部に於て結婚の披露為すに付来会の請求。

目賀田男来邸。世襲財産法に付ては止むを得さる場合の列記法に依るの説。

尚友会新年宴会事務所にて開会。

三田常林寺に参拝。番町水野家、第六天松平家年賀。
邦、廉子、松平様へ遊びに参る。
入江為守子に面会、御大典の歌の揮毫の依頼。

一月五日　十一時廿分参内

新年宴会出席。御料理を小泉の妹来邸して、其妹の魚やに被下。
斎藤福松、吉田秀来邸。
博急に発熱、三十九度五分。
大給家へ参る。掛物御返済の件を申込。

一月六日　大給伯爵七年忌

広尾祥雲寺大給伯法事に参列。
塩谷温氏来邸。
橋本良哲賞勲局へ更に出動の件を平林吉利へ話し置く。

一月七日

村井本店へ参り金五円宇野子夫人香典として贈る。
瑛二郎同伴立川駅より玉川の地所見分。
吉田秀来邸、橋本就職に付請求。
大給左様昨日の礼に来邸。

一月八日

水野千代子、水野忠亮子年賀に来邸。
貞子本日も三十七度七分発熱にて臥床。

一月九日　午前十時浅草本願寺に於て村井宇野子氏葬儀あり

村井宇野子夫人葬儀に参る。
女中わか（横溝）来る。二月御暇乞の由申出。
吉田秀訪問、明太魚を贈る。
珍吉麹町富士見町竹腰男爵邸に使に参る。御鰹節切手、鎌倉五円、大塚二円贈る。

小山正太郎画伯数日前に死去。同氏は画帳に揮毫されし人なり。

水野三郎を招き、将来地位其他の御世話出来さる儀申渡。

一月十日

朝牧野忠篤子訪問。

賞勲局の平林吉利氏より電話にて、橋本良哲明日より臨時雇として採用し、一日金四十五銭給与する由。但し休日も日給を支給すと。

吉田貢命日に付たまを使に遣はす。自宅へ廻る。とらゑ腹痛に付夜休む。

大河内正敏君より三楽園陶器小皿五枚一組、小皿一枚、大菓子皿一個送り来り受取。

一月十一日　日本橋区佐内町芝川商店

自宅小日向台町三丁目三番地

午前片桐を訪ひ、更に芝川商店に田口八郎氏を訪問、毛織物類買入。

ラクダ	一ヤール	一円六十銭	四ヤル二分
羅紗	〃	一円五十銭	九ヤル
マント地	〃	一円	五ヤル
机掛	壱尺	三十六銭	一ヤル半
傘	一本	三円廿銭	

片桐ふゆ子様年賀に来邸。

とらゑ歯痛の由にて休む。

一月十二日　午后四時日本橋倶楽部に於て竹腰男結婚披露会、十三日の誤

母上来泊。

小泉こうの姉来邸。

松浦伯爵邸晩餐会、華族世襲財産に干する協議。

田男、岡部子、酒井子、江木、建部博士、川村伯、

目賀田男来会。

一月十三日　午后五時松浦伯より世襲財産法に付
　　招待、十二日の誤
日本橋倶楽部に竹腰家結婚披露に貞子同伴参会。
久保さだ来邸。
昨夜大猥首相に爆弾を投せる者あり。

一月十四日　世襲財産法小委員会ある由
神奈川町在六角橋朝日農園に坂田武雄氏を訪問して土地買入を依頼。珍吉同行。
清水文子（竹腰家へ嫁入）礼に来邸。白羽二重一反持参。
吉田秀来邸、目下の借家四千円にて買取の件申出し由。

一月十五日　本日まで議院休会
世襲財産小委員会、岡野、富井、奥田三博士修正の案を提出、宮内省側吉田平吾氏の意見あり。

研究会大蔵部会、市来、神野両局長の説明あり、追加予算に干し三千八百万円募債と還元法との説明。

母上、貞子、三越へ買物に参る。

斎藤福松の三子大正三勇士として旅行中立寄。

一月十六日
広岡恵三氏来邸。今回公債応募団に近江銀行と共に加盟の運動に来京の由。尚貴族院の予算に対する様子聞度と。

新宮中川三蔭上京来邸、町債の件か表向の用事の由。

森市兄来邸、榎本武揚子、大給伯の画幅持参。

楊禅之梅花の図一覧。

貞子小供と共に番町へ遊びに参る。

片桐より植木屋神楽遊ひの為に付小供招かる。
とらゑ中川へ面会の為め其旅舎に赴く。
青木子より電話にて染料株募集済瓦斯へ将来七分の配当。

一月十七日

議院本会議追加予算及ひ予算委員会第一回。
伊まり焼茶呑茶碗一組来る。
大河〔内〕正敏子へ三楽園焼代金五円五十銭渡す。
青木子へ電話料金五十円渡。

一月十八日

予算総会第一回、追加予算に干する兵器売却の件に付質問続出し、午后に至り陸軍大臣出席せさる為め散会となる。
青木信光子来邸。
一、近日三島子訪問、将来収入に干する件を話す由
一、村井の件
一、他に地位のありし場合

一月十九日

予算総会、兵器に干する質問の為め秘密会を開き分科に移す。
世襲財産に付内閣司法両部連合の委員会を開く。
母上来泊。青山四丁目火事。
神奈川の坂田武雄氏より電話にて、地所九十銭坪にて買入得る様子なりと。
中川三蔭来邸、母上に面会。
川口富子来邸、母上を送り来る。

一月二十日

予算総会。
第四部会、加藤海相出席。

酒井、牧野両子大磯に三島子を訪ふ。
珍吉神奈川に参り、価格打合。
吉田秀来邸。自己の借家買取の請求。

一月二十一日

〔記事なし〕

一月二十二日

予算総会。
野沢深次郎氏より電話の為め氏を事務所に訪問、立川の土地及び議院の様子聞かる。
明日中川三蔭明〔衍字〕日帰国に付来邸。
三井銀行より千五百円、東海より千三百円引出。
青木子へ三百円用立。

一月二十三日

朝六角橋へ行き福松同行地所測量、尚小机にて中食す。
夜事務所より花月に会合、酒井、牧野、堀河、榎本、水野。
本日三島子邸に常務委員会、還元決す。
学習院評議会委員任命。
貞子小供と共に江の島へ参る。

一月二十四日

予算本会議本日にて質問終了。
花月会合、還元法決す。
斎藤福松朝来邸、更に坂田を訪ひ地所買入の件を断る。

一月二十五日

朝坂田来邸。
予算第一分科。
きよ鎌倉へ行。

議長より帝国ホテルに議院一同を招く。
酒井子金二百七十円をすらる。
三島子爵に電話にて学習院評議会の件及び人造肥料会社と安妻氏の件報告。

一月二十六日

青木子富士製紙買入の為め七千六百廿五円貸。
第一分科会、目賀田対岡陸相、終に決意を示す。
小山秋作氏来邸、近々朝鮮黄海道の鉄鉱見分に参る由。

一月二十七日

予算第一分科会。
朝事務所に会合して昨日の交渉案報告。
斎藤福松来邸、明後日六角橋の坂田を訪問する由。

一月二十八日

世襲財産小委員会成案に意見を述ぶ。
第一分科会、午後。
第一部会に於て臨時事件費に干する説。
貞子、同級会の為め大森加納子爵邸へ参る。

一月二十九日

予算第一分科、臨時軍事費きぼう付決議。
夜仙太郎宅へ行、春染。
斎藤福松坂田宅へ参る。
昨日今日両日とも呑の由。
本所三一七七、服部車や。
すさき町三、遠藤左太次。いせ。
小、大原三、松本まん（竹内佐吉）。かね。

一月三十日

野沢氏と共に立川の土地を見分。
夜浦和に斎藤を訪ふ。

朝福松来邸。

井沢鑑二郎来邸。

一月三十一日

予算総会、臨時軍事費可決。

第一部会、予算審査期限二日間延期。

研究会第一部会、還元法。

土方来り、かきね。

大正五年二月一日

研究会にて世襲財産意見をのぶ。

夜三島邸へ行。

昨日幸倶楽部交渉として有地、田、浅田、高木の四名来邸、会。田を除く外皆軟説に付常務委員驚き、青木子と共に三島子に会見することとなれり。

常務委員は徳川議長官邸に招かる。

二月二日

六人三島子をとふ。前田、榎本、小松、村上、青木、水野。岡部子山形〔県〕公をとふ。

本日常務委員会を三島子邸に開き、還元に対し更に軟説一致す。元因は幸倶楽部交渉委員の態度に依る。

山形〔県〕公は岡部子に対し軟説を迫る。

二月三日

第一部会修正案可決。還元決定。

三島子邸会合。

登記。

六名三島子を訪問、常務委員も来会。還元の主旨に基きたる法律案の提出をなす。岡部子之を携ふ。

一木内相を訪問。夜十二時に至る。

二月四日

各派交渉決定。

花月に於て懇親会を開く。

淑江向野邸へ参る。

夕方第一部会を開き交渉の様子を報告。

大給様の梅子君一週〔周〕年忌法会、欠席。

二月五日

村井弥吉忌明に付礼に来邸。

第一分科予算可決。

夜散歩に参る。辰巳氏。

研究会還元の総会、万里小路伯質問。

二月六日

斎藤福松、浦和の土地を見分して来邸。

坂田武雄来邸、六角橋地所周囲垣植木を依頼し、金四十円渡す。

仙太郎来邸。

二月七日

予算総会、各部主査の報告。

青木、酒井、榎本三子風邪にて欠席。

二月八日

予算総会還元決定。

青木子を訪ひ風邪の処面会、三島子の話を聞く。

二月九日

本日三島子大磯へ参りし由。
酒井子より電話にて七星会再開の件。
世襲財産委員会。
夜塩谷君来邸、かきもち贈与。
常務委員□龍に招かる。

二月十日

徳川議長より使にて、兼て依頼の書揮毫送付。
南波に興行銀行十株証拠金として渡。
世襲財産委員会可決意見を述ぶ。
事務所部会可決。
日高、麻生両氏の招きにて常務委員幹事。

二月十一日

紀元節参内。
大給様へ楊禅之の梅の幅御返しの為夕刻参る。
井沢ふし来邸。
加藤しげ来邸、御料理被下。

二月十二日

予算本会議通過、前田子オブラート演舌。
博昨夜より発熱に付吉田秀来診。
とらゑ昨日より風邪発熱。
研究会に於て世襲財法の説明を為す。
大東重善議院に来り、学校用地公租免除の件。
村井弥吉氏より母宇野子氏五七日志来る。
木炭百十俵黒磯より送り来る。
二十俵は鎌倉。
吉田秀来診。

二月十三日

結城へ金三十円送付。
福松を浦和に訪ひ、村長を案内として地所見分。

大給様へ参る、玉川地所御断り。
散歩、□太。
小供、先生と川崎に参る。
吉田秀来診。
千代帰宅。
玉へ金廿五円被下。

二月十四日
玉突会四台搬入。
京都の森亮吉来邸、広岡氏の使。
通運株二〇、金七十九円三十銭売。
大工両三日間入。

二月十五日
本会議、製鉄所予算。
玉を南波に遺はし代金受取。
坂田武雄氏を訪ひ桂村見分。
岡田忠彦氏に面会して柳沢先生の件依頼。

二月十六日
前田、青木両子大磯に三島子を訪問。
市若、予算委員会製鉄所問題質問。
小石、大原三、竹内佐吉（松本まん）、かね。

二月十七日
青木子来邸、株式大下落。
予算委員会、製鉄所質問。
井上、大河内子等の件、会社嘱托の件、青木子へ話す。

二月十八日
市村座見物、土蜘〔蛛〕、鼠小僧。酒井、牧野、乗長、榎本、青木、堀河。
本会議、日支満州銀行委員となる。

議長招待会、築地。

二月十九日

華族会館総会、吉川男補欠に吉井伯。

日支銀行委員会。

研究会に於て勝田主計氏の話あり。

夜散歩。

二月二十日

福松、立川へ地所見分に参る。

青木子と大河内正敏子訪問、実業調査会。

研究会常務委員慰労会。

有松氏、有松の絞りかげんやのびちゞみ。

二月二十一日

本会議、議長罹災救助基金、岡田氏委員説。

七星会三島子邸会合、日清銀行。

本日松平乗長子の為め梶田やに会見筈の処中止となり、三島子邸の会合成立。

貞子立川へ珍吉と参る。

野沢氏訪問、土地買入の件依頼。

二月二十二日　雹（夜来）

日支銀行委員会。

予算委員会。

村上男を訪問、青木子同行。同男明日にも三島子を訪問して研究会調査の件に付話す由。

二月二十三日

興行銀行四月限五十九円三十株。

本会議。

村上男三島子を訪問。

保険に付村上、青木、前田三君と相談。

第一部会、森課長の日支案説明。

永瀧氏の日支案説明。

二月二十四日

小松、岡田両氏保険案に付第五部会を開き、更に午后に延期となれり。可決。
日支委員会質問凡そ延期のこととなる。
松平直平子、三島子を訪問。

二月二十五日

朝保険の部会延期となる。
本会議。
村上男更に三島子を訪問。
予算委員会。岡部委員長、目賀田男に対しのぼせて居ると云へり。
保険修正、資格及ひ金二百五十円のこととし、四名にて明日の部会の順序相談。
貞子女学部へ参る。

二月二十六日

保険委員会及ひ研究会総会修正可決。
前田子より三河屋へ招かる。村上、青木。
大河内子研究会総会に於て発言。

二月二十七日

簡易保険　二三六　白一四七
　　　　　　　　　青　八九　差五十八
夜研究会事務所にて、明日の日支其他相談。
井上匡四郎、八条隆正、岡部子、青木子、前田子ら山本達雄氏訪問、明日の計企〔ママ〕を為す。
常務委員は本日一木内相に招かれしも断れり。

二月二十八日

最終日、保険協議会、桑田氏、酒井子と通す。十三対六。

日支満州銀行否決。
柳沢伯研究会を□る。
花月に会合、堀河子博愛生命保険会社入。

二月二十九日

大雨風。
電車のガラスを破る。

大正五年三月一日

二島子爵を訪ひ其後の様子を話す。
研究会に於て西原氏の満州銀行の話。
勘解由小路、青木両子と会話。
藤谷子来邸。

三月二日

貴族院に於て三井物産の石川氏の話、独乙国債及び八坂丸船長の講話を聞く。
常務委員及び幹事日高君邸新築に付招かれし由。
野沢深次郎氏訪問、金四千二百円の小切手及び地所登記委任状渡す。
吉田秀来邸、金二十二円持参。

三月三日

帝国興信所日比均甫探偵に来りし由。京橋三十間堀。

珍吉立川地所登記に参る。野沢組の熊切氏同行。

黒田侯邸鴨猟。片桐、伊集院、青木、前田、奥平、京極。

前田、青木両子と蒲田の梅屋敷へ参る。

三月四日

村上男を三河屋へ招待。前田、青木。常務委員に小松君を推選せざることを決定。

朝岡田良平氏来邸、教育調査会近く開会に付、中小学案は同時に諮問する様に賛成を申込。尚研究会の件に付話す。

六角橋の坂田武雄氏来邸、来廿日過渡米する由申し居る。

三月五日

酒井子来邸、岡部子に対する件、常務委員は加太氏として小松氏を入れざる件、青木子予算副委員長の件。小松氏は保険総会に於て巳に大勢決し居る故、けが人の出来さる為め常任委員一任説を主張せる由。

貞子小供と番町へ参る。

村上敬二〔次〕郎氏来邸、小松氏常務委員反対の件及び青木子地位世話の件。

三月六日

酒井、青木両子と共に松平康民子を訪問、同子の招きにて不忍池畔の笑福亭に招かる。

前田、青木両子来邸、同伴して大河内正敏子を訪問。

森亮吉来邸。

三月七日

片桐同行鎌倉へ参る。大東重善依頼の画二枚を持ち帰る。

前田、青木両子と共に築地精養軒へ八条、西大路、伊集院、片桐四子を招く。

三月八日

青木子来邸、共に村上氏を訪ひ、火曜会創立の件話す。

立川地所世話人比留間氏来、世話料金九十二円五十銭を与ふ。

幸倶楽部へ教育調査会員集合、貴族院の決議に基き岡田君より福原次官へ交渉の議決す。

尚友会評議員会に於て岩城、土御門両子入会の件及び三島子令嬢結婚に付贈品の件。

三月九日　車庫火事起る

朝青木子、直平子、前田子へ礼に参る。

前田子更に直平子を訪ひ、常務委員に付酒井子を退かしめ山田氏を再任の件、及ひ飛行機の在様の由話せりと。留任不承認。青木子と前田子を中央生命に訪ひ計画の秘密及び幹事の件を話す。

太陽記者鈴木徳太郎来邸、日露同盟に干し山県公の妨害の件及ひ大河内子へ紹介の件。

深川佐賀町熊倉良助来邸、結城へ天然社創設の為め土地譲受の件。

邦算術に付注意点。

三月十日

西大路吉光子来邸、地所の件、藤波子の件。

大東重善来邸、母上揮毫絵二枚与ふ。

貞子幼稚園に参る。

夜仙太郎を訪ふ。

青木子大分県へ出発、久留島子令嬢結婚の為め。

尚前田子も出張する由。

三月十一日

竹腰男結婚披露、帝国ホテル。
女中はな本日来邸。加瀬はな。
　本所区向島小梅町二百七十九
松平直平子来邸、常務委員改選に干する意見を尋ねらる。
　一、団体の結合が先きなり

三月十二日
八条隆正子来邸、調査必要を話す。
柳沢先生来邸、下谷谷中小学へ転任の件請求。
塩谷氏を招き会談、更に牧野一成氏を訪ふ。
　東京市学務課　法貴慶次郎、服部宇之吉氏親類
下谷区長　戸野周次郎、牧野一成子旧臣
谷中小学校長　寺島実
大森町寄来尋常小学校、大正四年四月より
　宇野林三五一三、柳沢琴十郎

三月十三日
三島子令嬢坂〔阪〕谷希一氏と結婚。
朝前田子を訪ひ直平子と会談の様子を報告し、前田子更に直平子を訪問。
牧野一成子より戸野子〔氏〕と会見の様子報告あり。
野沢氏を訪ひ熊切氏へ十円謝礼。
珍吉熊倉氏を訪ひ前の地所買入を交渉せしも拒絶。
塩谷君市役所へ法貴氏及ひ岡田君を附〔ママ〕ひ柳沢先生の件話す。

三月十四日　本日戦争、飛行機の談議院にあり
前田子来邸、直平子と昨日会見の様子を話す。先つ三島子を訪ひ酒井子の常務委員を辞任せしむること、七星会の件、山本内閣当時の三島子の様子及ひ勢力干係を話す。
牧野一成子を訪ひ、戸野周二郎氏の手紙を借り来り、柳沢先生下谷区へ転任の事情。

松平直平子を伯爵直亮君の邸に訪ひ、本日直平三島子に面会の様子を聞く。三島子は常務重任を主張せる由。青木子の立場及ひ京都の樋口子の件、前田子と同盟の件、尚友会幹事重任の件。
柳沢先生に戸野氏の手紙を見せる。

三月十五日
西大路、片桐同行、立川地所見分。
大工板屏を作る。

三月十六日　大束を学校に訪ひ柳沢氏の件話す
　夜柳沢氏を招き様子を話し他の主任
　に決す
入江子より色紙揮毫の件電話。
研究会へ参り学習院学制調査報告書を酒井子に二十部渡す。
番町水野家に於て色紙を珍吉より受取、入江子を番町邸に訪ひ研究会の様子を話す。酒井、牧野子の近状。
三島子へ結婚の祝言に参る。男爵間に貴族院令改正の件。
前田氏本日旅行より帰宅に付、入江子訪問の件話す。
夜牧野一成子を訪ひ、柳沢氏に対し戸野氏よりの返事を聞く。
一、谷中小学、二、其第二席、三、他の主任。野
　村環氏は寺島校長の親戚へ其子供中学に入る。

三月十七日
朝戸野周二郎氏を訪ひ、柳沢氏を下谷小学の主任とする件約す。
塩谷温氏、牧野一成子を訪ひ、右の様子を話す。
前田子を中央生命に訪ひ、此際入江子を訪問し、会の様子を話すことを依頼せり。同子は今夜入江

子を訪問する由。

大東重善来邸、本日戸野に面会、柳沢氏の件約す。

貞子同級会を番町永野家に開き出席。

珍吉浦和の白藤へ使に参る。数日前風邪全快せし由。

忠亮兄先頃来腹痛。

三月十八日　手塚梅来邸、青木子帰京
朝村上男を訪問、本日迄の経過を報告し、尚本日の幸倶楽部会合の件打合せを為せり。

幸倶楽部に小松原、岡田両氏に会合、江木氏より教育調査会辞職の勧告状来る。来廿三日欠席を求めらる。明日岡田氏三島君を訪問。

研究会にて酒井子に右の件報告。総会には出席、菊地案に賛成を表することとせり。

酒井子より来四月、常務委員辞任に付賛成を乞ふ旨話しあり。后任には直平、青木両子の由。

前田子、直平子を訪問。

三月十九日
中央生命に青木子と前田子と会合。青木子不在中の様子を報告。
明日青木子三島子を訪問する由。常務委員の件。
直平子昨夜より発熱、本日青木子に面会出来さる由。
邦、先生と自動車の打キューを見物。
進子様へ公債買入の小切手差上ることとす。
岡田君本日三島子を訪ひ、教育調査会に付欠席の件話す。
夜森亮吉来邸。

三月二十日
玉突会第二等、西洋本箱。
海軍飛行機芝明舟町の町田少将邸に落つ。

村上男を訪ひ教育調査会の件及ひ酒井常務委員辞任の件話す。
青木子本日三島子の招きに応し参る。
前田子新潟地方へ出発。

三月二十一日

岡田良平氏を訪問して、来廿三日教育調査会総会へ出席の旨話す。
青木子来邸、昨日三島子訪問の結果を話す。
橋本良哲来邸、賞勲局辞職の件。
井沢鑑二郎に議長、松方侯、塩谷先生書表□依頼。
夜直平子を訪問、青木子と会見の様子を聞く。
青木子直平子を訪問。

三月二十二日

常林寺にて法会、貞子、小供参る。
大東重善来邸、鎌倉母上揮毫の礼。

三月二十三日

教育調査会開会、大学令案特別委員会報告。菊地男、岡田氏より欠席の交渉ありしも応せず。高木男も出席。

三月二十四日

午前より村上男、青木子来邸、常務委員は挙国一致の件を談。
来る廿七日頃、村上男、三島子を訪問して、
　一、酒井子辞任の理由
　二、三島子退任如何及び其后の処置
　三、岡部子転任の件等を話す由
番町より敬子、忠泰両君来遊。
青木子の名を以て前田かつ、金沢大浦やへ書状差出。

三月二十五日
聡敏様御忌日に付具足其他を祭る。
廉子同伴、海の博覧会へ参る。
朝日新聞記者室伏高信来邸。
夜熊倉氏来邸、重ねて結城地所譲受の件交渉。

三月二十六日
三島寿子坂〔阪〕谷希一と結婚の披露、帝国ホテル、三時半。
朝熊倉良助訪問、東神奈川土地売却の件相談。華邨、楓湖等合作を貰ひ受く。
邦、学校の成績表受取、十八番。
酒井、牧野、堀河、榎本、青木、梶田やに参り、酒井子は諒太と共に沈没。

三月二十七日　村井定期、金一万千円
金十五円
村上男、三島子を訪問して常務委員の件談す。
青木子を訪ひ、村上男の報告を聞く。
大河内正敏子より電話に付、其后の様子を話す。
廉子卒業式に参る。皇后宮よりはこせこ下賜。
邦、先生と箱根へ遠足。

三月二十八日
結城に参り熊倉氏より申込の所有地売却の件相談。
貞子買物に参る。
汽車中加藤参政官に面会。浦和地所の件談す。汽車にて斎藤福松に面会、東神奈川土地売却の件。
邦より電報、湯本より三島に至り宿泊。

三月二十九日　□か
たゝみや来る。二階及ひ下の七畳。
邦午后四時帰宅。
村井より叙勲祝賀のふくさ送付し来る。

三月三十日

森来邸、木菴の代りに金二十五円及久我侯の書持参。

前田子本日帰京に付、青木子と八王寺〔子〕迄迎ひに参り、汽車中に話す。

邦、先生と上野公園に参る。

前田子を迎へて六時の新宿発にて豊田へ参る。帰途新宿のそばや市村にて食事。用事相談。

貞子、珍吉と有楽座に筑前琵琶を聞きに参る。

比留間鎌吉来邸、立川地所境界石受取証持参の処不在。

三月三十一日

前田子直平子を訪問、握手の約束を為し来邸。

村上、青木、前田会合、常務委員は挙国一致の件。

中牟田子帯同。

事務所にて牧野子に面会、岡部子入府の件聞く。

酒井子は明日帰京の由。

夜直平子を訪ひ、前田子と連合を約す。岡部子来会。

邦卒業式に参る。18番。

大正五年四月一日

松平直平子邸会合、前田、青木、水野同盟。直平、前田両子三島子を日銀に訪ひ常務委員挙国一致説を主張し、中央生命に会合、明日前田子、酒井、三島両子を更に訪問。

吉田秀訪問。秀来邸、本日二十二円持参、兼而借用の金子全分金二百円返済。

酒井子より電話にて、常務候補者の件に付、七星会開会に干し意見なきやを問はる。

陛下神武陵に行幸に付邦奉送。

四月二日

前田子午前九時三島子訪問、十一時に酒井子訪問、常務委員一致説主張。

村上男午后来邸報告。

中牟田子爵審議青木子へ依頼。

四月三日

神武帝二千五百年大祭、陛下橿原神宮御参拝。

鎌倉へ参る。貞子、博、廉子同行。

四月四日

中央生命に会合、三島子より電話に付協議。直平子も来会。

岡部子平田子を葉山に訪問せし由。

安田善二郎氏より山谷八百善に招かる。

小泉こう来邸、梅村へ入る件に付相談。

平井、吉田来邸、熊倉と会見、天然社へ珍吉と同伴。

四月五日

村上男、三島子を訪問、来邸報告、青木子来会。

七星会三島子邸、酒井、牧野、青木、水野。

綾部鎌倉へ使。

平井、吉田帰宅。

四月六日

中央生命会合。

村上男訪問。

四月七日

大磯の紀州侯邸に招かる。各派交渉委員と共に。

夜村上、青木、前田、直平の四氏来邸。直平子と村上氏と会見。

貞子、小供鎌倉より帰る。邦、鎌倉まで迎に参る。

四月八日

学習院始業式。

廉子と青山にスミスの宙返り飛行見る。

岡部子爵枢府任命。

朝日新聞の二木保晟来邸、研究会の紛状に付質問。

夜熊倉訪問。結城土地三千円にて一町歩分与の件。

尚小作人へ百五十円を与ふる件。

四月九日

熊倉と共に結城に参り、所有地参千坪金三千円にて売渡の仮約束を為す。金五十円聡敏神社へ寄付。

西大路吉光子立川村土地測量。

貞子小供撮影に大武に参る。

四月十日　常務委員岡部子祝賀会議に付午前九時会合

坂本謹吾氏来邸。

松平直平氏来邸、岡部子康民子昨日会見の様子の話あり。

村上男来邸、本日の朝日新聞記事に干し、青木子の取る可き態度、及ひ予算委員長、副委員長、幹事は常任委員を兼任せざれは効力なきこと、審査部幹事を四名とすること、但し官報速記録も読むこと。
青木子帰京に付朝日記事等打合せの為め訪問。
三島子より青木子へ電話にて、酒井、牧野と共に明日会館にて会見申込。
夜青木子訪問。
岡部子明後日三元老会議を開く由。

四月十一日

大東重善来邸、結城地所の件話す。健夫帰京。
火曜会の第一回集会、全員出席。
直平、青木、村上、前田来邸。
母上来宅。
小泉こう来邸。

四月十二日

朝村上男来邸。
午后前田、青木、村上三氏来会。今朝青木子の三島子訪問の様子を承る。
夜三君直平子を訪ひ、今朝元老会議の結果を報告せらる。
青木、前田、水野入り、堀河留任。
鹿子木八十郎子来邸、明日帰和する由。尚母堂病気。
母上、貞子と上野に参る。
珍吉、神奈川の御使、売渡証を作る。

四月十三日

朝前田子と共に村上男爵を訪問して経過を話す。
広岡恵三君来邸、嘱托の件を話す。
大東健夫来邸、鯛を贈る。
母上、貞子三越へ参る。
熊倉良助を訪ひ、結城土地代金三千円及百五十円小作金、五十円聡敏社受入。

六角橋土地代金二千四百円受入。

四月十四日

三島子邸会合、常務委員二名増加の件決る。
　候補者は堤雄長。
西大路吉光子来邸、立川測量図持参。
松浦伯邸観桜会。
夜雨、直平子訪問、三島子同子訪問の話承る。
古川日雄来邸。

四月十五日

築地精養軒に会合、大河内、直平、青木、前田、村上。
直平本日朝鮮へ出発。
台湾の押小路子より砂糖を送付。
博、一昨日より発熱、本日向野へ参る。

四月十六日

博、向野及ひ渡辺へ診察に参る。普通の咽喉病の由。
水野敏勝氏来邸、池袋の地所買入に付助力の件。
結城より平井来邸、委任状へ捺印。
尚金百五十円小作人の分、金五十円聡敏社寄付金持帰、外に金百円。
貞子、小供白木に参る。

四月十七日

岡部子入府祝賀会、湖月、八十九名出席。三島子挨拶、入江子も出席。
熊倉を訪問。
吉田秀を訪ひ歯の治療。
とら風邪にて休む。
珍吉村井銀行にて金五百円引出。
広岡恵三氏より電話にて加島家調査部嘱托の件依

頼、尚同氏は今夕一時帰坂する由。

玉通ひに参り一泊。

四月十八日

金四百円也、平井良質へ送付。

前田、村上、青木二〔三〕子来邸、午前十時より午后四時。

吉田秀、とらゑ診察。

西原亀三郎来邸、丹波天田郡雲原村。

小泉こう来邸。

四月十九日

観桜御宴へ参苑。

榎本、堀河両子明日京都懇親会の為め今朝午前八時三十分汽車にて出発。

熊倉良助、具足持参。

母上、森様より来泊。

四月二十日

岡部子枢府任命に付、鶴見花月園に招待を受く。

楽焼。

帰途村上男と新橋停車場に於て話し、経済調査委員。

井沢鑑二郎来邸、楽翁公巻物を表装の為め渡す。

大東重善来邸。

廉子、浜御殿へ参る。

四月二十一日

青木子爵来邸、将来更に結合を強固にするの件を約し、来廿四日精養軒にて前田子と会合を約す。

金廿五円本日渡す。

立川村へ地所境界標見分に参る。

　鉄道工夫小川政蔵方に休む。

草刈男下和田の小川平吉と云ふ者。

四月二十二日
仙太郎発動機を持参。
前田、青木両子来邸、将来尚更結合を強固にすることを約す。
塩谷君夜来邸。
結城より福城氏来邸、委任状及び登記書類へ調印。
博昨夜来指はれヒヨウソウの由。

四月二十三日
熊倉へ参り福城と会す。元信、象山の幅贈らる。
結城の委員にも幅を贈る。
榎本来邸、北垣男の書を持参。
貞子上野博物館に参る。

四月二十四日　×依頼
尚友会玉会。
青木子へ金千百三十円渡。
堀河、榎本、京都より今朝帰京。
酒井子より学習院の制度に付、秋月氏に面会の様子を承る。
中学一二年内は通学、高等科は随意、学習院大学優先学校。
青木子に対して少しく当る気味あり。

四月二十五日
聡敏神社大祭の為め結城へ参る。熊倉良助、山口同行。土地売渡証書熊倉へ渡す。
火曜会第二回、直平子を除き皆来邸。

四月二十六日
熊倉へ参る。土地を更に数坪譲渡の件約束。
榎本子の紹介にて松平正親法学士来邸、徳川制度の書物出版の為め。

久保さだ来邸。

井沢鑑二郎来邸、長倚子を低くす。

四月二十七日
片桐と森ヶ崎の観喜亭に釣。
井沢鑑二郎、芦澤方唐紙張換。

四月二十八日
長屋水道増設工事出来上る。
片桐と森ヶ崎へ参る。
小泉こう来邸。
森亮吉来邸、重吉保険千円の件。

四月二十九日
今朝前田子より電話にて母堂脳溢血にて危篤の由。

研究会総会、常務委員二名増員、三島子より発議にて、(1)七名中三名病気により、(2)兼々五名を七名とせるとき会員の筈。

尚友会評議員会、岡部子爵補欠堤雄長子に決す。

交渉委員、井伊直安、京極高徳、水野直。

青木子来邸。

青木子と共に村上男を訪ふこと。前田子母堂見舞。

四月三十日　堤雄長子候補の礼に来邸
前田子母堂昨夜十二時過逝去。
松平直平子へ右に付電話にて通知。
村上男本日より一両日沼津へ参る。
邦、廉子、先生と館林へつゝじを見物に参る。
前田子邸へ弔問。
井沢へ参る。恩地氏の幅依頼。
水野敏勝氏来邸、金千百円借用申込。
枝村東記邸。父茂氏本日葬儀。
西洋机二個伝通院前にて珍吉買入、金四円六十銭。
母上来邸、午后鎌倉へ御帰り。

大正五年五月一日
青木子より菓子折。
森ヶ崎釣。
先生の夫人の妹を第六天松平家に奉公の件に付先生来邸。

五月二日
前田利定子母堂晴子葬儀、吉祥寺会葬。
青木子来邸、広岡家嘱託の件話し、金四十円贈る。
広岡氏を加島銀行に訪ひ、臨時調査部嘱託の証書受取。星野行則氏に面会。
　銀行理事　星野行則
　保険理事　祇園清二郎
　参事　　　加輪上勢七（銀行営業部長）
熊倉良助来邸、結城所有地聡敏神社地売渡証渡す。
仙太郎魚を持参、第一回。

五月三日
土方金魚池を作る。
水野瑛一へ金二百円貸与、鉱業事務所拡張に付。
高野まき来邸、向島清池に於て染料薬品製造に従事せり。

五月四日
青木子と同行前田子を訪問す。喪中見舞の菓子火曜会の名議〔義〕にて贈進。
貞子三越へとー〔籐〕の椅子を買ひに参る。
西大路子を訪ひ金五円の切手及ひ助手に金五円、立川地所測量の礼。
本日康民子嗣子結婚の筈の処、病気にて延期。

五月五日
○第一回、片桐同行。
かいづ十二、こすり五、まるた五。

斎藤みき来邸。
土方庭の上り段を石にて作る。

五月六日

堤雄長子議員候補者となりしに付青木子と共に招く。
西大路吉光子来邸。立川村土地測量□謝礼せしに付礼の為め菓子皿一個持参。
青木子より塗料会社雇入に付三郎に交渉。
本間□郎氏上京に付来邸。
森亮吉来邸、重吉生命保険の金廿五円九十銭支払。

五月七日

本間氏より九州有田焼を贈らる。大徳寺の□を伝吉に渡す。
川口富子来邸。
熊倉と共に天然社に参る。岸本に面会。

五月八日

邦遠足、成田。
研究会常務委員改選、増員の開票。
尚友会岡部子補欠予選、堤子当選。
水野敏勝氏来邸、地所代金千百円貸。
選挙交渉委員、井伊、京極、水野。
松平康民子邸へ正二郎氏病気見舞。青木子同行。

五月九日

三島子訪問、受取。
青木子を訪ひ家庭を見る。
土御門子来邸。
水野敏勝氏来邸、貸金中百円余分に付返済。
火曜会、村上、前田、大河内、青木。

五月十日

堤子礼に来邸。

廉子、あとみ女子校の売店に参る。

数日前中川三蔭上京。

博、向野に於てジフテリヤ予防注射を為せり。

仙太郎来邸。

五月十一日

森亮吉本日帰洛に付来邸。

大河内正敏子を訪ひ、露国行の件及ひ青木子の件依頼。

前田子訪問、露国行の件、勅選へ礼の件、小松氏書状。

酒井、牧野両子礼に参る、不在。

酒井子より電話にて、明日議長官舎に参ること。

吉田秀、淑江診察参る。ヘントウ腺。

松平直平子昨日帰京。

五月十二日

〇議長官舎に交渉委員招かる。露国行及ひ議院建築の件。

青木子茨城より帰京。

〇研究会常務委員会、露国行及び貴族院令の改正、男爵七名増加。

奥平伯へモーター渡し、金九十円受取。

水道増設の検査に来る。

森ケ崎へ釣。

五月十三日

松平直平、前田、青木三子会合、尚友会幹事改選の件及ひ貴族院令に対する件相談。

堤子より花月に招かる。山口、三島、青木、酒井、牧野、榎本、堀河、山田、水野、直平。

淑江淋巴腺に付向野及ひ渡辺の診察、発熱九度三分。

五月十四日
淑江三十九度、渡辺来診。
終日在宅。
中川三蔭来邸、熊野川水力電気の件に付上京。

五月十五日
尚友会玉突会一等、電灯。
研究会々員に対して露国行の件報告。
鹿子木氏喪中見舞に参る。
小泉こう来邸。
渡辺来診。
珍吉電話局へ参り増設請求。

五月十六日
鹿子木氏初七日法会、下渋谷宝泉寺。
夕より前田、青木両子来邸。

五月十七日
雨天に付森ヶ崎行を中止し、常林寺参詣。

五月十八日　痛発す
片桐と森ヶ崎へ釣。

五月十九日
淑江向野へ参りしに内部うみしに付切開を要すと。
昨日より痛み甚しと云ふ。
夜小泉こう来邸。

五月二十日
金十二円三十九銭、不動産取得税を六角橋城郷村役場へ書留にて納付。
渡辺来診。
あみ片桐同行。

夜塩谷温氏来邸、金六十円渡。

五月二十一日

淑江淋巴腺炎、吉田秀方にて根本医学士と共に手術。貞子、玉参る。

二階へ机三個注文品出来上る。

東京毎日記者横関愛造来邸。

五月二十二日

研究会にて岡田君より学制案及ひ米価調節に付報告。

斎藤福松来邸、立川の家屋を作る件依頼。

淑江吉田医院へ参る、第二回。

五月二十三日

火曜会例会、六名揃ひ。

五月二十四日

片桐と森ヶ崎行。

五月二十五日

研究会、菊池男爵の学制案説明。

水道の増設通知金七十五円七十四銭。

岡田良平氏訪問、前田、青木両子同行。

熊倉留守中に来邸。

五月二十六日

青木、直平、前田三子来邸、幹事問題。

佐藤けい及ひ享来邸。

佐藤徳司来邸。

五月二十七日

森ヶ崎行、雨。

大崎に大河内子を訪問。富士製紙其他の件を依頼。

本日より切抜通信買入。

五月二十八日

大給様へ参る。昨夜神木はな死亡に付熊倉と池袋へ参る。第二回。

佐藤徳司及けい明日帰宅に付来邸。単衣地一反及ひ金五円被下。

女中糸岡テイ来邸、井沢ふし同伴。

五月二十九日

三名にて小松鎌二〔謙次〕郎氏訪問、常務委員の礼を述ぶ。

研究会に於て茶話会開催の件。

貴族院が政治の中心、元老の病状。

河川港湾に対する注文、農村救済。

米国は袁の支払停止の為め離る、日英仏伊共同。

酒井、牧野、三島、山田、前田、青木、水野。

研究会常務委員大猥〔隈〕首相に招かる、早稲田邸。

辞表提出、六月中に日露同盟発表。鉄道問題未定。

剰余金千五百万円、八四艦隊案提出。

五月三十日

水道増設本日工事済。

臨時火曜会を開き昨夜首相邸の件報告。

広岡氏を訪問、東京駅ホテル。青木子同行。

大同生命新案を見る。

五月三十一日

朝青木子と三島子を訪問、大隈伯へ同子御礼に参ること及び会員に対し報告せざること。但し人に依り招待のみ報告。

幹事一名改選し榎本子を評議員とすることを申出。

研究会に於て学制案懇談会の様子を岡田君より報告を受く。

夜熊倉来邸。
母上青山より来邸。森様小供狂状、康民子夫人の為め上京の由。

大正五年六月一日

朝三島子邸会合。幹事改任の件。
華族会館行幸記念日欠席。
熊倉を訪ひ更に夕池袋に参る。
結城より平井良質来泊、結城地所の件。
母上、貞子買物。
堀正一来邸。
まつ帰り来る。
材木や来邸。

六月二日

平井良質、朝熊倉宅へ参り結城へ帰る。
広岡氏本日帰坂。
母上片桐へ参らる。
正親町男久原鉱業員として近日露都へ出発に付、岡部子より星ヶ岡に招かる。
大東重善来邸。

六月三日

あみ　出崎沖、南風、三歳一〇、二歳十五、ます

二、せいこ一。

斎藤みき来邸。

邦、吉田秀とすまい見物。

スミス第二回飛行。

去る三十一日英独艦隊の戦争ありし由。

六月四日

村上男来邸、昨日三島子を訪問、男爵総代。

一、男爵中より常務委員を出すこと

二、村上男入会当時斎藤海相と三島子との約束

三、研究会に於て男爵の会合許可前如何

青木子と前田子訪問、

一、本日時事新報に選挙法委員の件あり、将来任命の方針

二、三浦子邸に貴族院議員を招くこと

三、明日常務委員会に露国行人選

下痢甚し。

塩谷君より語源辞□及ひ日本文章軌範を贈与。

邦、先生スミス飛行機見物。

六月五日　スミス夜間飛行二階より見物

○研究会常務会、露国行に付十日間に通知。村上男、三島子訪問の件報告あり、

(一)　多額議員広島は運動、青森は其儘

(一)　男爵会合の件

○青木子、三島子訪問、選挙法未だ知らす。議長ならば困難。牧野子、□□の為め急がし。依て前田子を入る。幹事の件本日前田子よりも三島子に話をなし、五辻に反対、伊東子、岡部子も改任の件を三島子に申出、又岡部子より堀河に話す。

○青木、前田両子来邸。

教科書委員は前田子より青木子に譲ることを明日三島子に申出のこと。尚将来発展□□□実業上収入を得ることに勉むること。

〔欄外〕

選挙法を前田、水野の内。村上男常務の件も三島子より青木子に話しあり。

六月六日　前田子、三島子を訪問、教科書委員の件

村上、直平、青木、前田四君来会

前田子は教科書委員を青木子に譲り度き旨発発〔ママ〕。来九日入会開催に付、前田、榎本、東郷、福原等にも来会を欲する旨曾我祐邦氏に対し交渉、大河内子より。

村上男より三島子を訪ひ男爵常務、貴族院令改正、男爵集会の件の報告あり。

邦、文部省に戦時展覧会を見る。

久保さだ来邸。

六月七日

麹町内幸町不老会（新一〇五一）へ朝鮮人参湯配達を命す（前田子爵紹介）。

熊倉と天然社行。

一、春日神社の鹿の大臣の形。角は威、日月の紋、両前二円、きばなし、爪にてけらず

一、心はこもる、こる、まろき

一、一の道は鏡、神代、丸は北極星、八角は地、鏡、金、みがく、見

一、巴、口、心行一致

六月八日

東京朝日記者、山本吉之来邸、前田子紹介。

珍吉本行寺に参り、古川日雄に面会、高松寺の件

に付斎藤に面会す可き旨話す。

尚友会にて少数の者玉突会を為す。酒井、牧野子等小泉（堀田屋）へ参る。

日高氏より八田徳三郎氏の書状を送付し来り、之を美馬氏へ送付のこと相談。

六月九日

青木子来邸、火曜会の報告及ひ会計の勘定を銀行。

三島子より電話にて教科書委員を矢張り前田子より可とする旨話あり。

会。溝口、曾我、大河内両子、前田、水野。米国の海軍拡張の理由、ベルダン戦誤り、米国土地会社の無謀。

六月十日

岡部子爵を訪問、前田、青木、水野。

臨時集会　前田は三島子より電話にて教科書委員は青木子辞退に付強く受けられたし、選挙法委員は榎本、有松に入〔ママ〕ること。

直平、村上、前田、青木四君来邸。

有松氏訪問、自働車三名、研究会の現状に付き話し、尚十分助力さる可き旨依頼。

三島子は本日那須へ参りし由。

珍吉落合村役場に耕地整理の件に付参る。

六月十一日　廉子、高輪の渡辺伯方へ遊ひに参る
水野敏勝来邸、金八十円持参
東京日々記者玉利庄次郎来邸、結城近傍の人話せし事項記載せざることを約す。
熊倉へ参り新福井楼にて食事を為せり。
天然社へ参る。
今日の戦は兵器の戦にて人の戦に非す、兵器中に魂入り魂に依りて刀を作るに非す。
独帝はウヅメの命の弟少彦命の連なる故日本には

利益なり。露英は日本に害あり。支那伏義はイザナミ命。

神農は佐田彦、黄帝は素サノウの命なり。龍に上る。三名士といぢる故に尭を代表者として天下を渡せり。人君にして神君に非す。

先生数日の発熱は全く教会を作るの邪念の為めなり。

細川風谷の話、藤堂の家来杉立治兵衛、団十郎、亀甲ジマ、伊達の家来井伊主人—妻と匆。

六月十二日　選挙交渉会

常務委員会、十時

教育調査会総会、大学校令に対する特別委員会案の決議を延期し、帝国大学、高等学校、中小学と共に十五名の特別委員に依り調査し、其決了を待て、共に議決。

熊倉より新福井に招かる、後藤男爵同席。

同男に揮毫依頼。風谷、宮本武蔵。

研究会常務委員会、午前十時、欠席。

堤子選挙交渉会欠席。

六月十三日　貞子不快の為め淑江吉田行中止

火曜会第六回開く可き筈の処、青木子急電に接し、中山家に参りし為め中止。村上、前田両君来邸。

本日前田子日本銀行に三島子を訪問。選挙委員は江木翰長より三島子に一任す旨に付、男爵及ひ勅選中より一名つゝ入るゝ件交渉。榎本、青木両子確定の由。

幹事引受け伊東子に申し置くの件、村上男より注意あり。

山田春三氏、本日前田子を訪問。広島多額の件及び会内将来の融和に付話ありしと。

本行寺住職古川日雄、斎藤見是を同伴し来り、高松寺の件に付相談。寺各々永久に保つこと、寺内使用を水野家の随意とすることを約し、本山王澤に於ても同意せしめ、其上住職選定の件。
［欄外］
日暮里町字谷中本一〇六、町野重猛来邸、水道用消火器。

六月十四日

三島子より電話にて来十六日露国行に付議長官舎へ招かるゝこと。

選挙法委員は青木、榎本、木本、有松の由。榎本は幹事辞任の前提のこと（法律に非ず）。

木本と男爵との比較、有松は一木内相の利用、此の結果一致の体度に出れは研究会、同志会の争。

教科書委員前田子、牧野子と代ること。牧野子常務辞任の前提か。

天然社へ参る。岩下同伴。高マ原の賢所、臣又□。

有栖川宮、岩下家、高野山の総裁、社会主義は明治帝の御衣を寺に下賜の件、御大典、大隈、岡、爵を受く。

珍吉本行寺へ参り、金十円、斎藤七円本山納付の金子納む。

六月十五日　松平保男子来邸

塩谷温氏来る、四日来病気

交渉会午前十時、榎本子幹事室にて酒呑。

日本銀行に三島子訪問。
一、青木子を主とすること
一、東清鉄道は全部引受に非ず
一、正貨六億
一、久保田男、三島子会見、大隈内閣留任の様子に付諸問題に付意見を陳ふること
一、三頭会見は元老を排斥せしなり。依て加藤内閣の外なし
一、選挙委員は有松を一木内相は主張すれども、

江木との干係悪し

一、幹事に干しては榎本は本日事務所にて酒呑に付不可、五辻反対

一、博覧会委員には銀盃を贈りし由、金鎖の件

［欄外］

蒲田地所利子受取、六月まで。

六月十六日

議長官舎各派交渉会、露国同行人員決定、各派一名、宮田書記官。

常務委員会合、右報告を聞く。青木、堀河両子庶務通知担任。

尚友会交渉会。

鳥人スミス北海道に墜落せりとの号外。

三島子は幹事候補として五辻子を推さる心算の由、本日青木子に話せり。

六月十七日

岡部子の補欠選挙、堤雄長子当選。立会人、井伊、奥田、水野、大給、大関。得票二百八十六票。

尚友会へ町野来る。

火曜会例会、村上男経済調査会報告（大河内子欠席）。

六月十八日

結城行、熊倉、服部同行。

池袋信者となる。

稲荷—稲生、伏見稲荷、三日間は大隈伏見稲荷信仰して□□□こと、観音は男、天立、廃止の件。

弘法大師は小供、菓子を好む。

三島子より前田子へ電話にて、有松氏の委員を如何にす可き問合せあり。尚、幹事に付ては五辻子を主張せる由。

六月十九日

来廿六日添田総裁の話を聞く可きこと、新開より電話。

あみうち。

直平子より電話。昨日康民子を訪ひ、幹事の件に付話せしに、伊東子はブショウなる故他人宜しからんと。

珍吉大森へ観音様を持参。

六月二十日

酒井子より電話にて、来廿七日平田子爵より招かれしに付、午后五時三十分同行を約す。青木子へも同様の電話あり。

直平子より前田子に対し電話。昨日三島子を訪問の結果、相談の必要あるに依り明廿一日午前九時会合。

新開斉忌明に付礼に来邸。

池袋行、熊谷、山口。

宮の屋上の木は夫婦。水天宮は瀬、琴平は鰐、山王の獅子は印度、結城は鎌倉時代に支那五山の僧金子持ち来り仏法を弘む。晴朝公この結城にて仏道を弘む。之を改め社会に活動。

大東重善来邸。

六月二十一日 前田子今夜より大坂、九州へ向け出発

青木、前田、直平三子来邸、幹事の件。常務三名入りて円満なりと三島子答ふ。

酒井、牧野、榎本と相談の様子言外に現はる。康民子に三回、初めに会社に干する五辻の話、康民子、西大路を言ひ出せり。

新人物二名説。三島子□□、康民子知る。松平直平子より青木子に対し某会社々長（通運会社）（収入四千円）に推選す可き旨交渉あり、青木子

本日三島子を日本銀行に訪問し、五辻子は不可なる所以及ひ□さる時は辞任の決心あることにて談判を進むる筈。

青木子、三島子訪問、幹事両派を排拆〔斥〕し、他の人を入るゝこと、株利益近日あり。

学習院女子部家庭会に付貞子参る。

首相辞任は江木翰長も知らず、此度は日露の件を話す。

夜熊倉来邸。

六月二十二日　熊倉二十買入
青木子朝三島子を訪問、最近利下の件、百株保証の件、来々秋の改選の心配、決して酒井、牧野の両子にも相談せざること。

久保田男三島子訪問、三頭会合の結果元老を排斥し寺内の入り得さる件、加藤に対する貴族院の反対、山県公との約束。徳富氏と雖も大隈に反対するには社員の半数を免ざること。男爵議員増加に賛成の件。

大河内子を大学に訪問、大坂の医料器製造の監査役に青木子を推薦、共保生命の件。

前田子へ幹事の手紙を出す。大隈首相へ返事。

仙太魚を持参。


六月二十三日　教育調査会委員会、高木男爵を委員長とす（地方経済と教育費との干係）

青木子来邸、大坂の会社へ親戚より申込のことにすること。

青木子工科大学に大河内子を訪ひしも不在。

酒井子より電話にて幹事は榎本子を止め、伊東子を入るゝこととせりと。来廿六日評議員会を開く由。

熊倉来邸、池袋へ同行。君忠に居り、父孝に居るに省思省驕、国士子立命、天子の冠、九星、子之方、天爵人爵（孟子）、サタヒコ、猿田彦、野州庚申山、シヲツチノ命。○本日はおのころ島出来三年目に当る。

直平子通運重役の件書状を出せし由。

仙太郎魚持参。

南波の松井来邸、東株証拠金として□□□貨三十株渡。

六月二十四日

議院にて化学工業及ひ米国海軍の講和〔話〕あり。

学習院父兄懇話会、柳沢先生同行、暑中休暇宿題の件相談。

有松英義氏来邸、先頃首相邸招待の様子及ひ選挙法委員の件話あり。

敏勝氏来邸、池袋の話及ひ金五十円持参。

淑江内玄関入口に落つ。松、とら。

青木子より電話にて、幹事榎本退き伊東祐弘の件、康民子電話の由。

直平子より議院に於て内国通運に青木子社長の件話あり。尚他に二百万円の資本の会社ありと云ふ。

六月二十五日

斎藤福松来邸、立川へ小屋築造に付世話の為め新宿保線へ参る。

片桐来邸、幹事の件話す。

岩下家一子を訪ひ、天然社に対する雑件打合を為す。

岸本先生より自動車にて送らる。

邦の学校成績の不可は十一年前三十八年塩谷温氏荷物の□く為めなり。

紙（神）の折り方。

地久節。

淑江本日よりホウタイを止め。

六月二十六日　金二十円梅沢、服部車屋
金二十円

尚友会評議員会、榎本幹事辞任の意思発表、伊東祐弘子后任の義不承諾、堀河子発言、伊東子へ対する交渉を酒井、牧野両子に托す、青木子には全く謀らず。

三島子に日野西令嬢と村井吉兵衛結婚の件電話す。

久保田男より三島子に対し、大隈内閣辞職の言質を実行せずとも研究会は内閣破潰の運動を為すことなきや質問すること。

直平子帝国ホテル（会館評議員、宮内大臣）にて三島子に面会、夫れより伊東子訪問。

研究会に於て添田総裁、杉浦局長等の広軌に干する説明あり。

青木子より注文にて東電、台糖各五十申付。

六月二十七日　新電灯五〇　台湾新五〇
五十一円二〇銭　四十四円

新宮の清水来邸。井沢鑑二郎来邸、巻物の催促。

後藤男と共に熊倉に招かる。相馬事件は毒殺の証明は無拠にしては一ヶ月后にはなし得さること、戸塚文海の証明。日露の件は松花江流域を共用が大切、桂公証文の件、二人の外に知る人はなき日露銀行大切、満鉄は二百万円を一億に見積。

平田子に招かる。酒井、牧野、青木、水野。農村の救済の件、一□盛岡は千五百万円の供途、倹約の外に工業元料の植付、一木内相新聞差押の件、男爵増員の件、還元の時の様子、宗教法案当時仏教の保存、東西本願寺。

松平直平子来邸、昨日伊東子訪問就任の勧告、家事上の事情あれども、多分は承諾するならん、納税信托会社、大阪ガラス会社。

邦出生日の祝。

六月二十八日

広岡恵三氏へ下げ報告。

三島子より電話、久保田男より話にて内閣辞職、選挙法は有松は拒絶に付、山田春三又は見計ひ□□、直平子より伊東子に勧告の件。

池袋、本年は明治四十二年と同様の活動を要す、四十二年に上長に反対して成功、本年亦同様。日本武尊と橘姫との干係、剣と刀、羊□□□よりちゞむ、裏鬼門は井戸、足に病気。

大隈伯邸常務委員招待。

日露同盟数日后発表、支那に対し攻守同盟、松花江の流域を用ゆ。

朝日新聞の為めハルピンに不及、皇室の命令、英国安心、米国ボストン、ムルトンプリンス。

独乙は支那、英国と共に日本を圧せんとす。

六月二十九日

山田春三氏来邸、我国は神国なる件を話す。

夜有松英義氏来邸、青木子と共に会食。選挙法委員の件。

佐藤徳司来邸、珍吉面会。

六月三十日

松井来邸、郵船新九二・一〇、廿株、瓦斯新三八・四〇、五十株。

青木子三島子を日銀に訪問。事務所に伊東祐弘、堀河、酒井、牧野の四子来会中なること。

○評議員に於て堀河子より酒井、牧野両子へ伊東へ交渉を依頼せしこと。

○小松氏より選挙委員を命せしこと。

○豆粕のセルロイド会社に干する件。

○新開三島子を説き、青木水野連合不可なる件。

　堀河の政略。

大学に大河内子訪問、青木子同行、医科機械の会社へ監査役たるの件。大河内子独乙留学中に木下博士と研究、小西新右ヱ門氏も来迎、紅忠事、伊藤忠兵衛氏出資の件。

仙太郎魚持参。

池袋。○荒神（三宝荒神）会員□痴、○家屋を作るのかべ、○松尾の米飯、○渡辺氏娘に面会、○安の号、○先生の祈禱三十日間、○后藤男の字、○手のスジ、○岩下子の小供病気。

大正五年七月一日

松井来邸、証拠金とし公債千円渡す。東新一〇、二五七・九〇。

斎藤みき来邸、池袋の話。

青木子を訪ひ、株券買入の件相談。

番町にて出産（昨日？）二子、男女。

七月二日

貞子、邦、斎藤福松、池袋へ参る。
○二た子は僧との心理干係、心中て僧侶供養。
○つむし二つは財布二つにして一家中に二つの経済あること。
○福松は養子の件。
○邦御守を受取。
大東重善来邸。

斎藤福松来邸。

博発熱、三十九度二分。

水野三郎返金二十二円五十銭持参。

七月三日

吉田秀訪問、株式の件。

東京日々記者玉利来邸、日露条約の件。

研究会へ参る。

塩谷温氏訪問、池袋の件を話す、金二十円見舞。

七月四日

朝前田子出発を上野に見送る。

熊倉を訪ひ、製鋼所社債売却を依頼。岸本先生、岩崎氏に面会、同乗、池袋へ参り、先生其他岩下子と会食、貞子、廉子、淑江、博、みき、皆参る。

自立して他より認めしむること。

七月五日　ゆう来邸

日銀利下発表

結城に参る。昨夜大雷雨、写真。

熊倉炭鉱社債売る、八十二円五十銭。

本年議会は大乱となる、英米戦争。

尺取虫の如し、三月七月可、八、九静、十一月大発展、妥協を十二月に申込まるゝとも為す可からず、然らは来年四月は国民兵を出さすして休む。

高松伝吾は夫婦結婚か無理なり、仏像子むくなる神はぴん〳〵。

珍吉夫婦始めて参る。三寸角が三千坪。

七月六日

府下亀有村亀青小学校視察（校長福田）、高木男、荘田平五郎氏同行。

青木子の分、東拓買却、二百六十五円七十銭。

小泉こう来邸。

貞子、邦池袋へ参る。

仙太郎魚を持参。

七月七日　日露同盟発表
青木子分、東八月限二百五十八円にて売。
宝田二〇、九月八十三円十銭、台湾三〇、四十六
円九十銭買入、尚興行銀行七月限三〇、五十四円
六十銭にて売。
塩谷温氏来邸、池袋の様子を話す。
斎藤みき来邸。
米津政賢子来邸。
珍吉本行寺へ朝日新聞を持参、社寺財産の取締法
の制定前に手続の件依頼せり。古川日雄は先日鎌
倉へ参り法□手続をなせしに付、其旅費支払の件。
仙太郎魚持参。

七月八日
後藤男著書に日本は道なり、支那は道を説くと雖
も日本にて□あり。

龍の玉を見る。大原鉱山の谷間。
君臣民語源、指輪の法話。
珍吉落合村へ参り、耕地整理請求に対する調印の
件。
大給様より菓子到来。
柳沢先生へうで輪の時計付を贈る。

七月九日
あみ、かいづ十三。
池袋、斎藤みき、福松、貞子、とらゑ、邦参る。
柳沢先生家族の者参らる、年廿二の女。
先生自働車にて歯医者に参らる。
岩下子、熊倉と会食。
千代、斎藤夫婦、塩谷、しげ来邸。

七月十日
研究会常務委員会。本月末に井上子の訪露を送る

為め送別会を開くこと。徳川慶久公第一銀行に入ること。徳川、原男、某外人の世話にて保険会社に入らんとすること。

塩士翁拝殿上棟に付参る、不敬漢、風辞に対し直書を投入、大雨急に至る。

菊桐御紋、□天地、両陛下。竹松夫婦。

大河内子を訪ひ鉄きん会社役員を断る。半歳位火曜会に全力を尽すこと。

七月十一日

午前、岸本先生に面会、佐田□、森先生履歴。鶴殿母堂に面会の件。

来十一月には大決心にて活動す可き件。

火曜会、直平子は戸田伯爵令嬢死去の為め欠席。

村上男より関税の件報告。

今秋の政治界、常務委員に対して一致協力して村上男、直平子の為め運動することの約束をなす。

又火曜会の決議は如何なる事情あるも変更せさることを約束す。

立川長宏氏中元に来邸。

七月十二日

青木子、三島子を訪問、番設電話の件、中元の品贈る。華族世襲財産委員は、一条、頼倫、柳原、牧野、有地と決する由。

片桐左央来邸、高松寺の件依頼。

小泉こう来邸。

池袋、后藤男来会。

富士山、ビワ湖、浅間の神勅。陛下は信州、君の南西、英米戦争。三十二年の上奏文、楠公、天児屋□命。

七月十三日

教育調査会委員会欠席。

研究会へ参り、新開と青木子とに話す。日露同盟反対の件。

華族世襲財産委員牧野子の件、前田子来会に付。

英米戦争、遷都の件。

池袋に参る。岸本先生帰る所に付同乗帰宅。

貞子、宅間君丁度きれ持参。

七月十四日

朝三島子訪問、交際費の件断る。常務委員、牧野、村上、直平。

平田子爵先日余らを招きしは、近来山県公の信用を失ひし為めなり。加藤、寺内共同内閣を作ることに山県公決せしに、平田子に相談なき為め反対の運動をなして破れり。研究会の少壮者を招き、之を久保田、曾我子等に話せし様子なり。

青木子爵を訪ひ、大河内子の件、発明等に付き話す。

貞子池袋に参る。

池袋、来九月剣を祭ること、大乱の証、剣は結城家との干係。

七月十五日

青木子来邸、台湾五十買入請求の為め。

つね、きん来邸。

岸本先生、熊倉と初めて立寄。

片桐ゆき子様来邸。

池袋、熊倉、岸博士との干係因縁。

秘密の理、善悪不二、理は鉄道の軌道、神は働き、両者一致せるもの大日士祖神。

七月十六日

川口武和氏来邸。

邦、水泳の荷物を四谷学院へ送付。

後藤男、賀田金三郎、熊倉良助、新福井へ招かる。

池袋先生不在。
貞子、福松、みき池袋へ参詣。
後藤男の獄中の作。
　お上よりめされて客に来てみれは
　　しやばと地獄はひとまたぎなり

七月十七日

広岡氏を東京駅に訪問、満州事情調査書を与ふ。
大給様へ参り、神様の件話す。
邦、廉子池袋へ参る。
邦、学習院へ参り通信簿。
×会、華族会館、井上、斯波両君送別会欠席。

七月十八日

教育調査会、東山村小学校を視察。高木、荘田、水野。
火曜会、大河内子欠席。

今秋常務委員、村上、直平両君推薦に付、水野、青木両人三島子訪問の様子を報告せり。
邦、本日出発、沼津学習院游泳演習に参る。

七月十九日

小泉こう来邸。
教育調査会員として華族会館へ蜂須賀侯の招待。
有坂へ白セル上衣注文。
蜂須賀侯の宴にて陸軍少将菊池慎之助氏と結城町行幸及ひ敬神の件話す。

七月二十日

池袋。昼食を岩下氏と共にす。本日より豊本氏の講話を承る。熊倉氏自働車初乗。
土御門子来邸。白川子来邸。
日露協商祝賀会。
貞子白木其他へ参る。

仙太郎来邸。

七月二十一日

本日は軍事祭三年間、二つの剣を自働車にて池袋へ奉遷。岸本先生話に、本日より毎日祈禱す。衣冠、高天原、信濃戸がくし八町四方の地点に皇居を遷すこと、先日□奏の時は地の災あり、天の災に対し飛行機の来らざる所を要す。

斎藤みき来邸。

貞子番町へ参る。鶴殿母堂へ手紙を出すこと承諾を得。

七月二十二日

第二回岸本先生講和〔話〕祈禱。

松平進子様来邸。

井沢鑑二郎来邸、後藤男書幅持参。

七月二十三日

第三回講話。

斎藤福松来邸、信州地図。

立花種忠子来邸。

七月二十四日

池袋、朝より夕まで、貞子。

冷泉子来邸、菓子持参。

岸本先生帰途自働車。

七月二十五日

池袋本日より岸本先生朝立寄。

具足に出世の霊あり。

須佐之男尊の伝を読む。

研究会、井上子訪露送別会。

大東重善暑中に来邸。

七月二十六日

池袋の全部の御払を為せり。羽織やぶる。

火曜会。青木子通運入社、直平子と相談。

有坂仮ぬいに来る。

七月二十七日

酒井子来邸。

池袋、祈禱一週間、日、独、白戦后のうらない。

七月二十八日

池袋。

斎藤福松来邸。

鶴殿男母堂より贈らる地蔵を解除、一昨夜及ひ昨夜貞子にたゝる。

松井来邸、金五十円なり。

勧業銀行株二〇、七千百七十円にて売却。

七月二十九日

大風雨。

勝成公、勝進、勝寛、両公の霊解除。

其他母上書画観音幅物解除。

七月三十日

宮内大臣波多野敬直男を訪ひ、池袋へ共に参拝。

七月三十一日

大隈首相訪問。池袋の件に付飛行機来襲の場合の□□、之に対する御安泰の地点に付談す。

大河内正敏子来邸。物心二界革命の件談。

熊倉六百円受取。

大正五年八月一日

全国神社解除。
火曜会にて宮相、首相の件相談報告。
華族会館に常務委員会合相談。
前田子夜来邸、精神療養の件話す。

八月二日

井上子よりひさこやに招かる。
青木子夫人来邸。首相訪問に対する様子を知る為め、小森氏今朝参謀総長上原男訪問。
水野敏勝氏来邸、金五十円持参。

八月三日

池袋、地震、各御陵の□道。
内務大臣一木、伊勢神宮鏡。
警視総官〔監〕西久保訪問。

八月四日

〔記事なし〕

八月五日

大山元帥訪問、物質的にして飛行機か宮殿を冒すことなし、御神鏡の如き飛行機より見れは価なし。

八月六日

床次竹二郎氏初めて来社。
松井来邸。
夜塩谷、片桐来邸。
第三種所得額決定。金二千四百五十四円也。
水道橋税務署長、白銀朝則。

八月七日

朝青木、前田両子来邸、結城の件話す。
塩谷氏池袋へ参る。

青木子へ金廿五円五十銭、及ひ広岡へ三百円の件渡す。

八月八日

塩谷氏、池袋。
三島、前田両子床次氏を訪問せし由、小森氏来社の上承知。
森治子病気の由。

八月九日

朝有松氏に対し山県公面会の手続を問ふ。
前田子、青木子池袋。
塩谷氏池袋より来宅。
斎藤福松来宅。
珍吉十五銀行へ使。
小泉幸来宅。仙太郎来る。

八月十日

寺内伯、有松氏訪問。
本日三週間目祈禱。大雨あり。

八月十一日

警察より時々調査に来る。
大隈侯に干する因縁夕刻□す。
研究会に新開を訪問して池袋の件談す。
塩谷温氏来邸、池袋の件に付議論夜を撤す。

八月十二日

池袋、小森氏、愈々日露協約破裂の徴。
井戸のつるべとポンプ。
十五銀行二十株代百六十五円、公債三千円の代九十八円受取。

八月十三日

本間氏の報知あり。

大工神棚を作る。

徳川公首相たること、三百年の太平は倹約を以てし、金を米国に作りしこと、亜米利加は米（みづほ）に次くに加ふるに利を以てす。

池袋に徳を積み、結城に人を集む。

斎藤福松へ結城の件を話す。

松井へ新東三〇注文。

八月十四日

井上、桑田、東郷、寺島、田島、露国へ出発見送る。

池袋。

八月十五日

研究会事務所に常務委員会合、経済調査会□来九月十一日に相談。


辰巳豊吉氏に面会、苦情を申出。

榎本武憲子池袋へ参る。

貞子、小供、たま、とら結城へ参る。

松平進子様へ公債代金百円に付九十七円八十五銭の割合にて二千円売却差上。

所得税額決定、金二千四百五十四円。

八月十六日

徳川議長、逗子。

平井良質来宅。

斎藤福松来宅。

立川氏へ珍吉使。

八月十七日

夜三島子訪問、池袋の件報告、日本銀行危険に付注意。

吉田為蔵、小川かめ精神に異状ありとて来邸。

池袋にて御払。
平井良質を池袋に招き、将来結城に対する件、市長其他話す。

八月十八日　番町五五二七甲
北村利吉（小石川富坂視察）、小石川竹早町四八。
西原亀三来邸、忠孝、益導（利用宗世）。
松平保男子来邸、池袋の件話す。宿禰。
池袋、寺内伯交渉発表。

八月十九日
五十回設教。未明天赤青、電灯光を失ふ。
雨。寺内伯活動の様子にして寒冷を感ず。
日独戦争にて議員叙勲発表、勲三等瑞宝章。

八月二十日
議員叙勲伝達式。
自働車の左のゴム破れ、釘二本、大隈倒傷く。
立花種忠子明日池袋へ参る由。

八月二十一日
電話にて三島子に注意し、五千万円の露国証券中止の件。
立花子来社。
小森氏又会す、昨日勧考を得意とする件。外務大臣たる可しと云ふ。

八月二十二日　雨
三島子来社、君臣民、神人合一。

八月二十三日
小森氏来社、与倉少将の話。
更に熟考するまで来社せずと云ふ。
御神苑附近を天狗警戒すと岩下子云ふ。

八月二十四日

露独仏とも講和し支那問題に対して連合して日本と戦ふ可し。

夕方池袋。

八月二十五日

大日士御祖神の蛇体に素盞尊のヒビ印あり。

おのころ島頂上の大木柱□。

天照大神の陵なき理由は、紫雲に乗し臣下に礼を給ひて高天原に飛び行き給ひ、高山となる。今日に至るまで何人も此の頂上に登り得ざるなり。

先生母上病気快方の由。

珍吉大給家へ参る。叙勲祝の御礼の為め。

珍吉吉田秀へ参る。

墳墓《カザリハカ》中に屍なし。

八月二十六日

天照太〔大〕神の御陵を指示しても、人之を信する様にする覚悟なかる可からず。

貞子買物に参る。

中央新聞に大隈首相侯爵返上の論文あり。

近日宮内大臣へ答る様話あり。

八月二十七日

熊倉氏、岩下子、平田宗威（三菱銀行深川支店長、芝区高輪南町三〇、電話芝一九〇七）同行結城行。

井戸家形上棟、つばめの辞、赤飯、とんぼ。

大本営の額拝看。

本日池袋の門出来上り、明廿八日より大本営となるの理。

八月二十八日

説教。

宮内大臣波多野男訪問、三十二年上奏書は覚なし、且見当らず、閑院宮殿下露国御訪問は安心なりと。

飛行機数台池袋へ参る。

自働車の前輪大故障発見。

岸本先生御宮取付棚の模様の為め来邸。尚電報。

丑寅の方位明け居ること不都合なりと。

本日より正門使用。

斎藤福松来邸。

八月二十九日

火曜会集会、村上、直平、青木、大河内、前田の五氏全部出席、池袋信仰の件に付注意あり。加藤高明子へ参る件不賛成。

常務委員の半数改選に付ては、年長者たる故を以て青木子今秋満期とする件は、村上男の発意にて何人も譲らざることとす。尚改選は直平、村上両子〔氏〕の為め極力奔走すること。

池袋、午后、本日より神苑門の地固め。

八月三十日

土上新作来邸、尚義銀の主旨印刷物持参。

池袋。

本日神苑門上棟。おのころ島の石来る。

八月三十一日

先生母堂十一時三十分東京発にて郷里へ帰らる。

先生同行、之を見送る。

中央新聞に池袋の記事を掲ぐ。第一回。

板橋警察より出頭命令先生に来る。

結城へ家屋建築の件下図を作る。

大正五年九月一日
飛行船池袋上に飛ふ。
先生夜八時三十分帰京。
研究会へ参る。三十二年の宮内秘書官は長崎省吾。
はらいど神は天照太〔大〕神と神武帝。

九月二日　昨日本日暑気甚たし
言葉は剣、心は玉（水玉）、体は鏡。
三十六年政治科の会合、築地花屋。
江崎、馬場、小野、吉井、高田、渡辺?、保田、夏秋、上杉、森田、岡崎、水野、岡田。
先生板橋警察へ参らる。天然社の分社とするの件。
尚岡田氏へ話す。

九月三日
村井弥吉来社。
先生タゴールの件に付報知社及ひ自由通信社へ参る。
先生警察に参られ温故出来得る様になる。
吉田秀来邸。

九月四日
村井吉兵衛、弥吉来社。
吉田秀、佐藤けい、竹田作三郎等を□。
タゴールの件に付豊本氏横浜原、大観を訪問し電報を発す。
松井来邸、三百六十円渡。

九月五日
熊倉、小森両氏結城行。
川崎八郎右エ門、岩崎清七来社（川崎は或は結城の件知り居る）。
神道三人来社。
豊本氏、田所局長に面会。

松井来邸、金六百円渡す。

九月六日

小森氏来社、先生食事を廃すこと、控室新築のこと、入社を許可せざることを申合。
先生母堂危篤の由。

九月七日

斎藤万平の子来社。
小森氏来社。
明後日より廿五日間に政治家の魂の入替。
神苑門の向、南に向ひ玄関を相通せさること。

九月八日

説教五十日目。
陛下御落馬の報あり。
大猥首相災難は虚報なりと云ふ。

斎藤福松来邸、斎藤万平を誘ふよりも皇室を思へ。
前田子より経済調査会に干する謄写書類送付。
先生母堂逝去。

九月九日

松井来邸、金千五百円渡。郵船七〇、富士五〇。
祓は示しせる、天、犬、太、大、口。
松屋へ金廿五円被下。

九月十日

八咫鏡のキズは北極の動かざる形を示す。
通信者山川総長訪問。
斎藤福松来邸。
結城より平井来邸、家屋建築を依頼。
流星の大なるもの午后六時三十分に見ゆ。

九月十一日

閑院宮殿下露国に御出発。
研究会常務委員会、経済調査会報告。
山川総長に面会、忠孝教育勅語に付論せり。
タゴールの逃辞の件。
タゴールより横山氏に返事ありたるを豊本氏受取。
国学院にて豊本氏参る。

九月十二日　本日より急に冷気
岩下子邸にて食事。
豊本氏文部省田所局長に面会、国学院に参る。
自由通信、岡田海南。
青木子日本銀行へ利下を聞きに参る。
火曜会、直平子欠席。還元。

九月十三日
日々玉利対次郎来邸、露独単独講和の件話す。
東亜通商協会会報第三輯、上田仙太郎。
露独単独講和説。
米国鉄王ゲーリーは横浜に（豊本氏）に訪問し、
タゴールに付言。
仙太郎魚持参。

九月十四日　雨
岸本先生、熊倉、岩下、小森、皆結城行。
上下、一夫、天、犬、太、□、女、申、友。
はら帯は犬たる可からず。
文字は佐田彦之を作り二神に教ゆ。
教、夫婦道を失す、ナ、少しくなをる、子を生む、
支、たゝく。
政は□なり、政教一致に非す、教政一致なり。
教は一家を政ふ、他家との干係。
国家と云ふは誤、国体と云ふ可し。
皇室は八尋殿□時出来、国体は岩戸開の時。

九月十五日

岩下家一氏来邸。国民新聞大正の青年と帝国の前途の論文を読む。

小森、岩下両氏と徳富猪一郎訪問。

忠孝に干する見解、露独単独講和、□□品蔵券七千万円引出の件。

九月十六日

松井来邸、証拠金二千円渡。

本日日の出新聞は文翁対山川総長の件を記載し、大学学生等に配布せり。

右に付先生に対し小森氏より論あり。

九月十七日

本日より切換にして露国蔵券取付の件起る可し。

閑院宮殿下も御引返しあるべし。

宮内次官石原健三、時□の報あり。

斎藤福松に岩下子邸にて会合、鉄道院辞任の件に付豊本氏に相談せし由。

九月十八日

池袋、大八洲遙拝神社の標出来。

旧来の門取除。

露国軍需品注文を為さゞる旨記事あり。

九月十九日

松井来邸、金九百円渡。

本日の万朝に高天原記事あり。

夜十一時までにて新聞紙に対する原稿記載記事。

日本銀行に三島子を訪ひ露国軍需品の件及ひ結城の件を話す。明年度公債償還金調査。

金五千万円　　二月露証券

金千五百五十万円　十月軍艦代

金二千万円　　還元

金七千万円　　　九月同上〔露証券〕
金三千万円　　　朝鮮事業債
金千百万円　　　朝鮮公債
金一億九千六百五十円、外に支那借款一億円
九月二十日
各派交渉委員議長官舎に招かれ、立太子式賀表。
三島子と露国干係に付研究会にて話す。
自由通信に財政問題に付記載の筈。豊本しからる。
軍需品の注文を為さゞること決定。
株式十六円暴落。

九月二十一日
目賀田男来邸、山県公と平田子との干係、元老会議の件、華族話。
岩崎清七氏薨去。
先生結城の石橋に付照合に反対。
控所建築の件は不承諾。
九月二十二日　暑気甚し、九十度
岩下子来邸日本銀行兌換停止に至るまでの話しあり、飛行機麦収穫に対し爆だん。
金貨と紙幣との価格の差異。
自由通信社へ豊本氏参り、更に通信者を伴ひ小森氏を訪ひたり。
陛下日光より還御、二重橋にて学習院学生座す。

九月二十三日　雨
結城より平井上京、金六百円渡、明日上棟の由。
斎藤福松来邸。
山本権兵衛へ対し明日小森氏交渉。
松井来邸、証拠金千五百円返却。
貞子三越へ紋服注文に参る。
熊倉来邸。

九月二十四日

結城行、家屋上棟、熊倉、岩下、福松同行。

晴朝公書翰百年后法号の件、朝光秀衡を滅ぼし三十一ヶ所（奥州）を相領。

先生小森氏を訪ひ山本権兵衛訪問中止。

本日亦冷気。

天然社財政意見、中央、世界、日々、やまとに記載。

九月二十五日　金庫番号九十七号

日本銀行に参り三島子に面会、十五銀行より引出せし金二万五千円貸付金庫へ保管、明日正貨と引換ふる筈なり。

米国にて金の輸出を禁せし由。

軍需品契約は口約にて注文成立し居れどもの露国違約せり、電報到着時間に付ても同様。

小森氏来苑、銚子の佐田駅佐田彦神社の件。

九月二十六日

御神苑宮御殿上棟。

火曜会明日に延期。

研究会集会、米価調節の件は来廿九日午前岡田氏より説明のことに決す。常務委員任期に付、来十月改選に干して元老連に相談すべし。

日本銀行にて金二万五千円正貨と引換たり。

天然社御殿上棟。

九月二十七日

火曜会、直平、大河内両子欠席。

支那外交に付調査、露国密約、正貨。

岩下子邸にて食事。

大東重善来邸、天然社の件に付忠告ありしと。

斎藤福松来邸。

九月二十八日

本日より一週間祈禱。
岩下、小森両氏来邸。
加藤ゆう来邸。
急の冷気。

九月二十九日

岡田良平氏の米価調節。
松平直平子の肥料問題。
右研究会にて聴取。
山県公急に上京。
松井来邸、金四百余円渡。

九月三十日

本日にて十七年目末日なり。
大井戸釣瓶の鎖金色となる。

岩崎氏も来社、近日結城より掘出し大井土に入るゝ由話あり。
岩下子邸にて料理。

大正五年十月一日

米国は塩士翁の国なり。
夜松平恒雄、塩谷温両氏来邸、池袋の件。
大隈邸研究会常務及ひ康民子招かる。
左足痛むは一ヶ月程前の負傷、天罰なり。
支那に五百万円借款中百万円は収賄なりと。
加藤高明子を首相に推薦する筈。
山県公は窃に寺内、加藤の連立を主張。
寺内伯上奏の様子を新聞に発表せしは不都合。
陛下の聖断を乞ふ外なし。
ゲリー支那問題に付忠告あり。

十月二日

岩下子邸にて食事。
閑院宮殿下予定を変更して本日御出発。

十月三日
七月廿一日より七十五日目に相当す。
三十七年より十二年目。
先生愈々本月中に結城を発くつする由申し居れり。

十月四日

天然社記事、伊勢大神大々かぐら獅子の件、日出新聞にあり。
松井来邸、金千五百円証拠金渡。
小川ふで危篤の由。
岩下子来邸、寺内大命を拝する由。
小森氏原敬其他を説く。
大隈首相辞表奉呈。
来廿五日結城に帰る由。
井戸ポンフ本日取はづし。日露協商破□。

十月五日　首相以外の大臣の辞表を大隈首相取揃へ奉呈

結城参拝。岩下、水野、金色蝶。

三島子邸会合、常務委員重任の希望あり。

宮内大臣波多野男の話にて、今回寺内伯大命を奉せりと云ふは偽なり、鷹司侍従長の電話にて元老集まり、元老の招きにて寺内参内せしのみなりと。

小森、熊倉、岩下三氏夜更くるまで来邸、前陳の様子を話す。

博三十九度発熱の所直ちに下熱。

十月六日

松井来邸、金二千八百円渡。

三名来邸、十日、十七日、廿五日大切の日なりと。

親の光は七光り。

三島子、寺内伯に招かる。蔵相として就任勧告。

岩下子急に腹痛。

柳沢先生へ結城の件を話す。宗広其他の伝を聞く。

十月七日

金三千二百五十円、製鉄会社五十株売代、松井持参。

吉田秀、つね、ぎん、熊倉、小森、岩下来邸。

岩下子本日大日土御祖のはしごを取去るに頭部倒る。

国是縁起宮の額夕刻掲ぐ。

三島子寺内伯に入閣拒絶。

柳沢先生検非違使結城宗広の件を取調、持参。

大河内子来邸、寺内内閣反対の件通告。

十月八日

熊倉氏邸会合、小森、岩下、島。

加太邦憲氏を訪問、内閣の件及び露国の件話す。

貞子、子供と共に結城に参拝。福松同行。

十月九日

尚友会評議員会、京都行の件、前田、伊東。
研究会常務委員会、加太氏より西久保、福原両氏入会の件紹介。
岡田両平氏入閣に付朝来邸。
寺内内閣親任式。
青木子へ金四十円渡。
講和の様子にて株式下落。

十月十日
松平恒雄氏訪問、塩谷氏共に来会。
岩下子邸にて食事、同氏小森氏を訪問。

十月十一日　一週日位の雨霽る
三島子来邸、露国証券に干し大使の委任権なしと云ふ。
一切予言せさることを申し置くこと。

十月十二日
十五銀行にて正貨五千円、日本銀行にて正貨一万五千円、合計金二万円を熊倉に貸与。
三島子を訪ひ、来廿五日発掘の件を話す。岡田良平、平田子来邸の筈。
昨日の毎夕新聞に波多野男と研究会の記事あり。
小泉こう来邸、老母の神道を話す。

十月十三日
岩下子と共に小森氏邸へ参り、日々新聞の福良氏に面会、時事新報に露国より軍需品注文をせざる件に付談す。

十月十四日
朝、岩下子来邸、十二本にて当つること。
柳沢先生来邸、下谷小学へ転任の件。
三本は土蔵の入口なり。

斎藤福松あゆ持参。
熊倉氏本日を以て相場薬〔ママ〕を廃止。

十月十五日

松井来邸、金千七百円渡。
貞子、子供番町へ参る。
新聞原稿持参。
来廿四日人足二十人位雇入の件。

十月十六日

池袋より小森氏訪問、番町へ参り結城の件話す。
斎藤福松あゆ持参。

十月十七日

池袋大日本神代天然の国教を新聞紙に記載。

十月十八日

寺内首相常務委員招待、還元問題、有松。
支那は到底見直なし。
岩下子廿日に付参る。

十月十九日

結城、先生、熊倉、小森、岩下。
来廿二日深さ八尺迄掘下ること。
夕より雨。

十月二十日

番町へ参る。鶴殿夫人と相会す。
玉あり、二重。

十月二十一日

母上来邸、結城、池袋の話。
井澤鑑二郎来邸。
たま一万円預入。

松井来邸、処分依頼。
二時発にて結城へ参る。岩下、小森、斎藤。

十月二十二日

結城第一日、大穴。

十月二十三日

第二日、井戸発見。

十月二十四日

結城第三日掘る。
夜八時八分発にて帰京。

十月二十五日

夜結城より平井来邸、吉田為蔵の上申書持参。
以后熊倉の事業に干係せさる様注意あり。
岩下氏と共に小森氏訪問。

鶴殿様に番町に於て面会、岩下子も来る。

十月二十六日

松井来邸、全部決算済に付百円被下。
貞子鶴殿様訪問、地所取戻の件に付話あり。小森、岩下両氏来邸報告。
加太氏来邸、常務委員断り、結城の件。
夜小森、岩下両氏来邸、明日鶴殿、先生拙宅にて会見する筈に決定。
千代来邸。
三島子来邸、常務委員留任、岩下子に面会。
がらすど取付。

十月二十七日

岸本先生を招き、鶴殿様より結城地所を熊倉より返却す可き旨申せり。
熊倉を招き鶴殿様より申渡せしも応ぜす。

研究会常務委員会全部留任に決す。

十月二十八日

平井良質を結城より招く。熊倉地所に付決心を示す。

岩下子を訪ひ、熊倉より地所返却の件話す。

大河内子邸会合、村上、前田、青木、結城金掘の件に付注意あり。

十月二十九日 雨

片桐来邸、結城の件話す。

斎藤福松来邸。

十月三十日

岩下子来邸、本日熊倉氏より四千〇五十円返済の小切手持参。

単独講和に関する新聞記事あり。

十月三十一日

天長節、不参。

斎藤と鎌倉へ参る。母上不在、志賀直方氏を訪ふ。

岩下子と共に。

大正五年十一月一日

貞子鶴殿様へ参る。神勅写、内規被下。

岩下子を訪ふ。熊倉に面会。

珍吉と日本銀行に参り、金貨四十円引換。

十一月二日

研究会員岡田文相を招待。

予算本日の閣議にて決定、還元。

十一月三日

立太子式、不参。

秋山少将帰国に付歓迎会、池袋。

本日中央新聞夕刊に結城城跡に二億円埋蔵の記事あり。

十一月四日

国是延喜宮霊遷の式あり。

鎌倉母上来泊。

岩下子来邸、昨夕刊中央新聞池袋記事に干し。

大東重善来邸、岩下子に面会。

貞子鶴殿様へ参る。

熊倉明日結城に参る筈。同行を勧められしも拒絶。

斎藤福松来邸、明日立川地所見分を依頼。

仙太郎魚持参。

十一月五日

青木子、広岡恵三氏来邸。

塩谷温、岩下家一、児玉孝顕、片桐ふゆ。

本日□□に於て結城の家屋批准せし由。

熊倉本日結城に参る。多分平井より土地買入事情に付話せしならん。

十一月六日

中央新聞本日に至り二十億円と記載。

鶴殿様午前八時三十分汽車にて須磨に帰らる。研究会に参り常務委員改選投票を開く。青木、三島、牧野、山田当選再任。

岩下子を訪ふ。小森氏帰京、右先生に対し談判。

青木子へ十一日分金四十円渡。

仙太郎魚持参。

十一月七日

岩下子来邸。

鈴木雄作（満鉄社員）氏を女学部前の寓居に訪ふ。佐々木高志、田中十熊両氏を南鍋町の東洋電気会社へ訪問、更にのだやにて食事を為せり。

小森氏に急に帰京を促す電報を発せり。

十一月八日

岸本先生、熊倉と本日警察へ召喚せらる由。

岩下子を訪ひ、更に両名にて大森金五郎先生を訪問し、今回の計画に付談す。先生は去る十一月三日立太子式の演舌に付急に休職となりし由。

斎藤福松来邸。

十一月九日

岩下子来邸。本日熊倉来邸の筈の処来らず、本日も亦岸本先生警察へ呼付らる。

橋本良哲来邸、池袋の件及び結城の様子を話す。

井沢鑑二郎来邸、楽翁公書の巻物表装控へ及び神様の話をなす。

十一月十日　雨

朝熊倉訪問、結城地所名分に反する件、晴朝に干する先生の説は誤なる件を談す。

岩本子訪問、藤本氏に会す。豆粕にて食料を作る会社の設立。

斎藤福松来邸。

昨夜陛下有明湾に御仮泊。

十一月十一日

夜斎藤来邸、岩下子と相談、明日結城を掘下ることに決、平井へ電報を発せり。

十一月十二日

斎藤福松栗橋より人夫十人引連れ結城に参り、熊倉との境界を堀下けたるに、更に坑道を発見せり。夜岩下子来邸、右報告、同子は明朝結城に参らる筈なり。

十一月十三日

皇后陛下女学部へ行啓。

研究会常務委員会。

結城岩下子に招かれしに付、玉を伴ひ六時発汽車にて結城に参る。大穴居室中にもあり、ほか発見。

十一月十四日

結城より帰京、穴二個発見、小屋跡。

小森氏鹿児島より帰京せり。

熊倉本日も亦警察署へ召喚せられし赴き、新聞紙に記載あり。

十一月十五日

〔記事なし〕

十一月十六日

午后四時東京駅発汽車にて須磨に鶴殿氏を訪問の為め出発。

十一月十七日

朝須磨に着、藤田男爵家自働車にて迎ひ来る。鶴殿様に面会、結城の様子を報告。十時半の汽車にて同行京都に参る。

賀陽宮様に参殿。

清水寺住職大西大僧正に面会、結城宝物の件を話す。

十一月十八日

朝京都清水寺大僧正大西〇〔ママ〕慶を訪問、結城地所発掘の件相談。尚来十二月三日上京の節に見分の約束を為せり。

賀陽宮家にて食事を頂戴、御殿及ひ御庭拝見。九時京都発汽車にて帰京。

十一月十九日

朝鶴殿様と東京駅着。岩下子来邸、種々相談。

小森、塩谷両氏来会、結城平井へ電報を発し明日人夫雇置を依頼。

十一月二十日

観菊会不参。

岩下子、斎藤、結城発掘、大井戸一、崖下に井戸一発見。貞子鶴殿様へ参り、宝物四ヶ所に埋めある旨を承知し、両人淑江と共に結城に参る。

岩下子へ汽車代金二十円預。

斎藤へ雑費金十三円預。

十一月二十一日

本日更に井戸一個発見。

十一月二十二日

岩下夫婦、斎藤結城行。貞子参る。井戸二個渫へ、かめの破片持参。

十五銀行より八百七十一円五十銭引出。

十一月二十三日

貞子鶴殿様へ参り、結城桑畑の地点本日より発掘す可き旨話しあり。
わか帰省。
塩谷温氏来邸。

十一月二十四日

尚友会懇親会、湖月、欠席。

十一月二十五日

岩下子大方あなの一部発見。

十一月二十六日

結城へ参る。大なる道の断面を検査。
大東重善結城へ来る。

十一月二十七日

本日は崖の室を見出し、杉木三本を掘る。本日より一時中止の電報を発す。

十一月二十八日

岩下子と共に熊倉を訪ひ、結城坑道は爆発を防く為めの設備たるを知る。
斎藤福松来邸、御料理被下。
立太子礼祝宴、銀盃を賜はる。豊明殿。

十一月二十九日

戸野、牧野両子へ礼に参る。柳沢先生転任の為め。
鶴殿様京都行。
夜岩下、斎藤来邸、小森氏より電話にて大山公危篤の由。

十一月三十日

〔記事なし〕

大正五年十二月一日
珍吉昨日皇統系図を買入、岩下子に説明。
小森、岩下両氏と上野附近散歩。
斎藤来邸。

十二月二日
夜斎藤来邸。
大束重善来邸、結城の件に付当方他方へ話すこと見合す可き旨申来る。
岩下子大束と相会し。

十二月三日
藤本、岩下両氏来邸、夕方帰らる。
鶴殿様大西大僧正と同伴上京。
仙太郎来邸。

十二月四日　雨
神田表猿楽町十一番地佐伯喜一郎方大西大僧正朝訪問、結城行の件を依頼せり。鶴殿様を訪ひ右報告。大西僧正更に鶴殿氏訪問。貞子赤坂へ参る。
岸本氏親の光は七光と称するを、今日警察に於ける状態なり。
青木子来邸、十二日分四十円贈る。小森、岩下両氏と会合。
紀州徳川侯結婚披露、築地精養軒、欠席。

十二月五日　本日快晴
岩下子訪問、共に小森氏を訪ふ。
斎藤結城へ参りしに、本日家屋方向直し出来上る。

十二月六日
大西良慶、鶴殿、岩下、小森結城行、斎藤。
明治天皇と秀吉との干係。信仰ある神教と宮幣大社。

戊亥の宝は掘出し得れども鬼門のものは不可。

神道は人道なり。日本の国土には万物を消化す。

十二月七日

小森氏を訪ふ。石丸鉄道技師と会談。中野散歩す。

岩下子結城行。あな多数出づ。

斎藤は検査の為め本日結城行を休む。

十二月八日　雨

岩下子結城へ参られしも雨天の為め中止。

鶴殿様午后九時発、汽車にて須磨へ御帰り。

斎藤来邸。

皇太子殿下伊勢参宮の為め御出発。

子爵会事務委員を幹事と改称、本日の総会にて決す。

十二月九日

岩下、斎藤結城行、井戸一個発見。

夜小森氏来邸、徳翁へ書面。

松平直平子明日朝鮮へ出発に付花月に於て送別会を開く。岡部、三島、稲垣、前田、酒井、牧野、榎本、山田、京極。

熊倉に招かる。きたのや。宮沢□雄手紙。

十二月十日

大山公爵薨去。

結城行、大井、小井の中より石の壷出で来る。

赤色の石一個掘出す。

岩下子大坂へ旅行、豆粉会社創立総会の為め。

十二月十一日

研究会常務委員会、部長、理事の件。

小森氏出世祝。

尚友会玉会、一等、書棚。

結城より平井良質来邸、金百円渡、勝知様へ夜具四十円、家屋直し四十円、治子様利子十八円。平井一泊。

十二月十二日

火曜会、村上、大河内、青木、前田来会。
斎藤夫婦来邸。
坂本金吾来邸。

十二月十三日

広岡氏来邸、青木子に依頼し日本銀行に講和の決定。
小森、斎藤来邸。
日本銀行一万千円珍吉金貨入。
独乙講和申出、株式停止。
水野敏勝氏来邸、金二百五十円持参。

十二月十四日

岩下子帰京に付品川駅まで出迎ひ。小森氏同行、更に午后会合。
斎藤みき来邸。
斎藤福松来邸、本日御神苑に参る。四十九夜。
岸本妻より此二、三日危険なる由申し居れり。
日本橋区久松町十一番地
　辻新司方　賢一　池袋の老女

十二月十五日

青木子訪問、歳暮金三十円、酒料。
岩下子結城行。

十二月十六日

終日在宅。
坂本謹吾氏来邸。

十二月十七日
岩下子と共に結城に参る。坑道全部片付居り、斎藤福松測量を為せり。

十二月十八日
研究会常務委員会、三島子病気にて欠席。部長、理事、榎本子三部、大河内子五部理事と云ふ。
伏原子を二部の部長、内閣部は之を第六部とす。
小森、岩下両氏結城行。

十二月十九日
寺内首相招待予算内示会出席。
研究会にて常務委員会。
本日岩下子結城行を休み、斎藤□午后旅館、天狗土中にうづもる。

十二月二十日
岩下子結城行、愈々室内に井戸発見。
小森氏午后より来邸。
珍吉家屋昨日にて大工工事終了。
第六天より菓子到来。
鎌倉母上へ金十円歳暮に贈与。青山川口方へ参る。
貞子去月末より冷気を体に感する由。

十二月二十一日
岩下子と結城同行、小山にて熊倉氏に面会。
風邪気の為め一時の汽車にて帰京。ぶんぶく。
千代来邸。

十二月二十二日
岩下子本日は結城行休み。
池袋の佐伯来邸、明日結城へ赴く由。

夜岩下子、斎藤来邸。

斎藤は本日結城行。

十二月二十三日

久保さだ、ゆう来邸、千代帰宅。

岩下子結城行。

本郷明神開花楼にて古書籍展覧会へ参り秀仰付其他買入。

十二月二十四日　南風にて好天気

岩下、斎藤、貞子、邦同行、結城行。

佐伯三郎太夫結城行、御祓。

二つなりの井戸出る。

鶴殿様本日上京。

藤谷、豊岡両子来邸。

斎藤へ金五十円渡。

十二月二十五日

議院召集、第一部。

三島子邸にて常務委員会、牧野子欠席、常任委員割当の件相談。予算委員長に三島子推薦に付論議あり、水野委員に加入如何。

貞子鶴殿様へ参る。尚直老人明日鶴殿様へ参る由。

岩下子留守中に来邸、本日は人夫を増加して掃除を為す由。

十二月二十六日

水野重吉来邸、本日鎌倉へ帰る由。

学習院初等科林先生より電話にて邦修学上の件に付注意あり。本年の休中に歴史中の見□字引索引の件。

斎藤みき、きん来邸。貞子みきと買物に参る。

各派交渉会、研究会事務所。常任委員選定の件。

火曜会集会、村上、大河内、前田、青木、水野。

十二月二十七日

小森、岩下両子来邸、明日鶴殿様訪問に決す。西大路吉光子来邸、農商務省の嘱託を受く。開院式欠席。片桐へ歳費の受取依頼。

十二月二十八日

議会欠席。研究会にて会費受取。岩下子、貞子、鶴殿様行。結城の池辺明日より掘ることに決定。議会来年一月廿日まて休会。斎藤を電報にて呼ぶ。

十二月二十九日

結城行、岩下子同行、斎藤とも。池を掘る（橋側）。

十二月三十日

結城行、斎藤同行。天狗歯を折る由。佐伯結城に参る。神社左側及び桑畑を掘る。小泉こう来邸。小森氏より電話にて、八面塔の辰巳に金庫あり。

十二月三十一日

〔記事なし〕

大正五年　日記補遺

一月一日

酒井、牧野、三島三子年賀。

一月二日

三島子本日大磯へ療養の為め出発。修善寺へも行。酒井子年賀の為め来邸、不在。三日には三島子は代理を以て、牧野子は自身年賀に来邸。

一月三日

久保田男に鎌倉より帰途汽車中にて面会、減債基金に干する研究会の様子を問はる。

一月四日

榎本氏蛋白質出る為め多少不快の由申居たり。入江為守子へ風俗歌の揮毫を依頼し置く。事務所にて。

一月五日

宮中にて岡部子より世襲財産法研究の話しあり。来十四日小委員会を開く由。

一月六日

片桐、酒井子及ひ青木子へ南洋写真帖を送る。

一月八日

岡部子爵より電話にて、来十二日松浦伯邸会合に出席、且酒井子に於ても世襲財産に干し特別の意見なき為め其前の会合は中止すと。

一月九日

村井夫人葬儀に於て三島子に面会、牧野子と共に話す。稲垣子より藤波子爵今回勅選に干し、研究会に入会するに於ては同会を乱す虞ありと。
○牧野子、参政官柴四郎氏に面会せしに、政府に於ても減債基金還元に対し貴族院の修正に応する内意ありと。
○八坂丸賠償金四百万円を引き去る時は政府に剰余なくして次支払出来ざる由。
青木子爵来邸、痔病後初めてなり。曰く、電話料金一ヶ年間の立換を約す。

一月十日

牧野子訪問、兼て諸君立去の件に付質問せし処、全く細川立興、大給近孝両子候補に付宴会の為めなりとの答。山田氏も近来来邸、態度穏当の由批評せり。其他は何の故障なしとのことなり。
○藤波子昨日村井氏葬儀後に三島子爵を訪問して入会の件申出せりと。三島子は本日松平康民子を訪ひ協議し、伊豆修善寺に旅行する由。
○男爵間に於て吉川重吉君逝去後研究会所属議員の統一上何人か協同会幹事として将来の地位を確保する必要あり、村上男を推選しては如何とのことなり。
○減債基金に付柴四郎氏と会見、浜口雄幸氏の下院に於ける演舌は極端に失せしも、貴族院の兼ての主張もあるに依り同志会との折合は付く可し。
○牧野子知人にて東蒙古の経営を為せる者あり、鯉鮒等を漁獲して利益を得と。

一月十二日

○世襲財産の件に付松浦伯邸会合。

一月十四日

○岡部子爵より世襲財産の小委員会明日午前十時より開会の件通知あり。

一月十五日

○青木子と財産に干する点に付き会合。郵船会社の件に付小林政吉氏の意見伝聞。酒井子、三度様子注意の誤りなりしことを先日申せし由。

堀河子万代生命保険不成立の件報告。

榎本子北垣男危篤に付今夜京都に参る。

一月十八日

○一昨十五日事務所に於て青木子と話し居りし件に付、酒井子より榎本子に対して話しあり。依て各宴会に除外の議なりと答へたり。

前田子は減債基金還元に干して各種の成案を有する由、榎本子申し居れり。

青木子来邸、国債会社と酒井子の件を話す。

一月十九日

○酒井子曰く、還元に干し有松氏の運動ありと。

尚、三島子は議会を避けて大磯にある様子。

山田、岡部、牧野三名首相室に招かれ、兵器売却に干し会計法の処分相談を受く。

一月廿日

朝酒井子より電話にて、還元に対する意見及ひ村上男の意見を問合せ。

牧野、酒井両子大磯に三島子を訪問せし由聞及。

木場博士に面会して還元に付ては手を付けず六千万円旁債権を政府に与ふることにせしとの話。又学制案に付江木氏より質問に付助力せよとの依頼ありし由。

一般会計より軍器売却に付ては作業会計に付附則を入るゝこととせんとの説政府より内示。

一月廿一日

三島子大磯より帰京、夜花月に会合。牧野、酒井、青木、堀河、前田、榎本、水野。夜十時より牧野、榎本、前田、青木の四子三島子を其邸に問ひ還元問題に付相談。

一月廿二日

昨夜の会合に於て凡て強硬の態度に決定。山田春三氏は有地男と共に軟説にて、首相等に縁故を結べりと云ふ。

政□委員会に於て御大典に於ける宮中御待遇席次に付奥平伯、田男より質問。

青木子富士製紙買入に付六百円融通せり。

兵器売却の会計法に干し、前田、村上、小松の三氏を委員とす。

昨日村上男常務委員に対し種々主張の結果、本日より部長、理事は議事散会後事務所に会合のこととなる。

大正六年

大正六年一月一日

岩下子来邸。大東重善、塩谷温氏。
斎藤福松今夜出発伊勢参宮。
結城より福城の子来邸、石うす持参、金十円。
大給家へ年賀に参る。

一月二日

雪。岩下氏を池袋に訪問。
小森氏訪問、銀行預金の件。

一月三日

岩下子と結城に参る。雪中検査。
小森氏来邸。
佐伯三郎大夫、吉田秀来邸。

一月四日

鶴殿様へ参りしも御不在。
日本銀行より金一万五千円引換、十五銀行預入。
研究会新年会、九十余名出席。
斎藤伊勢へ参宮、本日帰京。
貞子御神苑へ参る。
立川長宏氏来邸。

一月五日

松井来邸、青木子の分人肥二十株注文、金三百二十円渡。
直生誕日に付小森、岩下両夫婦来邸。
新年宴会不参。

一月六日

黒田侯羽田別邸鴨猟。前田、青木、伊集院、片桐、水野、奥平。

夜、塩谷温氏来邸、国本参（渡辺重石丸）。
天攘無窮を見る。
佐伯来邸、宮沢、四条に面会、吉田村発掘の様子を話す。
貞子鶴殿様へ小森氏と共に参りしも不在。

一月七日

結城へ参る。大穴見分。
夜、岩下、斎藤来邸。
貞子、小森氏と共に大磯の赤星氏別邸へ参らる。

一月八日

研究会常務委員会本日休み。
三島子昨日大磯より帰京。
月蝕皆既上る。
貞子鶴殿様へ参る。小森氏同行、結城は一時中止。
坂本謹吾来邸。
安部信順来邸。
夜、岩下子来邸。

一月九日

小森、岩下両氏来邸、昨日鶴殿様訪問の話。
前田利定子夜来邸、預算可分の件、戸水氏教育論、学習院殿下の運動会の説等あり。
結城より電話にて井戸二個発見、尚神社の側に一個発見。

一月十日

結城に見分に参る。本日より工事中止。
井戸三個発見。帰途斎藤福松来邸、図面訂正。京都へ送る為めなり。

一月十一日

貞子鶴殿様へ参る。天照大神御神勅を十三年前に知る。

小森氏へ茶碗被下。

岩下子来邸、共に小森氏方へ参る。

一月十二日

日本銀行にて金九千五百円引換、十五銀行に預入。三島子を訪ひ、四十四年預け置きし公債証書千五百円受取。

蒲田利子大正五年下半期分金二百五十二円受取。

貞子、小森氏夫婦と帝国劇場に参る。

一月十三日

片桐方へ小供遊びに参る。

榎本春之助、岩下子来邸、神様の話を為せり。

塩谷氏来邸、近日歴史科の文学士結城に参らるゝ由。

斎藤来邸。

一月十四日

鶴殿様午后九時発須磨行見送る。電話甲八〇番。

来十九日より大西僧正都合宜しき由。

青木子来邸、一月分金四十円渡。

小森氏夫婦来邸。

軍艦筑波爆発。

斎藤夫婦来邸。

一月十五日

研究会常務委員会。
一、来二十日陸軍大臣より招待、三島、村上、美馬、青木、堀河出席の筈
一、歳費増加に付山田春三、勝田蔵相と相談
一、予算委員長は有地、副は酒井、牧野両子の内
土御門晴行子来邸、神道の話。

夜、岩下子来邸。

七星会、三島子邸会合、酒井、牧野、青木、水野。

牧野貞寧補欠は新庄直知。

大村、小笠原、柳生、高倉等。

予算副委員長は酒井、青木両子の中より推すこと。

黒田和志病気見舞に参る。

東京貯蔵銀行へ更に金一万円預入。

一月十九日

大河内子訪問、機械会社十株譲渡の件話す。

村上男、委員長、其他の件。

母上来邸、貞子と買物。

一月二十日

十時三十分、宮内省勝知様天盃御下賜。

銀盃一組、酒肴料金三十円。

母上、片桐へ参らる。

貞子学習院初等科の父兄懇話会に参る。寄宿に付話。

一月十六日

火曜会、午后六時、直平子欠席。菓子器諸君より贈与。

村上男より男爵を予算委員とせさる件質問。

黒田和志子、危篤の由。

三島子、本日首相に招かる。外交の件。

一月十七日

研究会に会合、三島子より昨日首相の外交談報告。

五ヶ条　日支親善、内政に干渉せず、内政啓発、

特別干渉の土地利権、他は列国に相談。

小森、塩谷、斎藤来邸、来廿一日結城行。

一月十八日

岩下、辻、斎藤、さだ来邸。

大島陸相招待、兵器問題、藤岡大尉の欧州戦講和〔話〕あり。

有地、高木、浅田、山内、桑田、谷森、島津、奥平、川村、南、前田、青木、三島、水野、村上、江木。

一月二十一日

山内侯爵編修主任考古学会評議員沼田頼輔（小石川原町百十九番地）。

渡辺文学士（史料編纂官）、塩谷温氏結城発、掘地見分。

夜、塩谷、岩下両氏来邸。

一月二十二日

午后六時議長官舎招待、大臣及ひ交渉委員。
一、伊太利議員会議
二、大隈伯〔侯〕小松家従を□□へ入ること
三、傷病者に対する決議
尚友会玉突会。

一月二十三日

寺内首相、本野外相演舌、大隈侯出席。

欧州交戦国慰問決議、黒田侯提出。

火曜会、松平直平子朝鮮より帰京、全部出席。兵器売却に付村上男意見。

蒲田村野村より金五十七円余送付。

一月二十四日

貞子、番丁〔町〕より買物に参る。

片桐同行鎌倉行、忠宜兄忌日に付。

掘河子、評議員会開会に付青木子に無相談にて昨日に決定せしに付、三島子爵に対し異議申添。

一月二十五日

議会解散。研究会へ参る。有松氏勅語を落す。

黒田和志子葬儀、不参。

斎藤福松来邸。

小森氏を訪ふ。后藤男喜ひし由。

吉田秀来邸、金二円返却、来廿七日新宮藩学生の懇親会ある由。

広岡恵三氏来邸、一昨日青木子同氏に面会、一柳子爵東京へ転任に付、来総選挙に議員地位保証依頼。

一月二十六日

富士見軒、議長招待。

青木子より電話にて昨夜みどりやに直平子と会見、通運会社の件相談。

尚友会評議員会、牧野貞寧子補欠選挙、新庄直知子当選。交渉委員、前田、山口、榎本。

掘河子、新庄子へ先頃使の口を候補に為め呼出せし〔も〕、前田子を訪問中にて同子不在〔な〕りと云ふ。

一月二十七日

新宮旧藩書生懇親会吉田秀より申込あれども欠席。

平田東助子に招かる。酒井、牧野、青木、水野。

参る約束の処中止。

研究会にて会費受取、歳費受取。

井沢ふし来邸、さだを鑑一〔ママ〕郎の妻に貰ひたしと云ふ。

一月二十八日

新荘〔庄〕直知子来邸、立候補に付。

松平直平子より火曜会員を築地みとりやに招かる。

小供三越へ参る。

一月二十九日

博、初等科入学試験。

松井来邸。

大河内子を大学に訪ひ、多額議員と懇親の件話す。

前田子を中央生命に訪ひ、一、直平子より常務委員四月任期に付三島子の意見を徴すること、二、日高氏を訪ひ、多額議員と懇親の件、三、青木子引籠り数日とすること。

昨夜、青木子父中山君急病にて逝去の由。

夜塩谷氏訪問、不在。

佐伯二郎大夫来邸、結城日高□□を話す、尚説教の写し持参。

ゆう、三宅みよ来邸。

一月三十日

中央生命に前田子訪ひ、直平子は常務委員樋口子を推す件を承知し、此度は村上男のみ推選の可なることを申せり。

東洋協会へ村上、大河内、前田、直平、水野会合。

一、三島子へ今夜直平子訪問して四月改選に村上男、掘河子と交代の件を話す筈

一、青木子へ五名より金五円の切手を贈り見舞

一、候補者、西尾、大関、小笠原、伊東

前田子、日高氏を訪ひ多額諸君と会合の件申す。

邦、文部省の戦争画展覧会へ参る。

長屋の小道具等三十六円余にて売る。

万朝報夕刊に結城発掘の記事あり。

孝明天皇五十年祭不参。

一月三十一日

岩下子大阪より帰京、横須賀より電話、大西、鶴殿両氏は不在にて面会出来ざりし由。

小森氏来邸。

臨時火曜会を開く。村上、前田、直平、水野。

直平子昨夕三島子訪問の件報告。
一、常務委員中水野を除く外皆円満
一、四月改選は掘河、樋口と代ること
一、多額と懇親会は可
一、村上男入らば山田春三は辞任
報知新聞記者、結城発掘の件問合せに来る。

大正六年二月一日

青木子を訪ひ、火曜会一同より金五円見舞贈る。

昨日すみの件報告。

研究会に参り、結城の件更に近日発表せらるゝやも知れす、文科大学に依頼の件申置けり。

研究会に男爵会員の集会あり。

岩下、小森両氏来邸。

雑誌、官報等売却。

二月二日

岩下子訪問、タゴール来遊の件。

直平子訪問、不在。明日午后七時十分発帰鮮。

研究会事務所に参る。

独逸中立国船舶を沈むる旨公示。

二月三日

前田子電話、直平子昨日岡部子に面会、村上男常務の件賛成。

大東重善来邸。

二月四日

終日在宅。書物等片付。

大給梅子君三年忌法会、不参。

夜、井沢鑑一〔ママ〕郎来邸。

米独国交断絶。

二月五日

尚友会予選会、新庄直知子当選。

交渉委員、山口、前田、榎本。

酒井子は次回の選挙に板倉勝憲子を推す考なり。

貞子、井田男邸訪問。

珍吉、三井銀行に参る。金三千円預入。

新庄子に花月に招かる。

大河内子にローマ会議行、電話にて伝ふ。

議長官舎、交渉委員会、山田、牧野出席。ローマ会議行の件、書記官一名同行、一万円支出。

水野二〔ママ〕郎、痔病の為め順天堂へ入院。

二月六日

松井来邸、全部返却。

村上男へ電話にて問会せしも、ローマ会議参列断り。

岩下子、大野若三郎（同人記者）を同伴来邸。

白川資長子来邸、岩下子と話し。固本策。

片桐貞央、吉田秀来邸、貞子衰弱の為め。

前田子より電話、本日三島子訪問、候補者小笠原、大関、青木子を直平子の代りに華族会館評議員とすること。

二月七日

小森氏終日来邸。

岩下子夜来邸。
水野三郎本日手術。
青木子より電話にて、華族会館評議員の件、三島子より交渉ありしと。
川崎銀行松添町支店長神田源七郎来邸。

二月八日

大河内子へ電話、ローマ行承諾。通牒送付。
貞子学習院より小森氏方へ参る。
佐伯参る、結城にて祈禱の件。
岩下子と英国軍の活動写真見物。
熊倉良助、小森氏へ対し、吉田村発掘の件相談。

二月九日

三島子邸、七星会会合、黒田和志子補欠候補者の件。
一、小笠原勁一子推選
一、常務委員会中に月番を定むる件
一、ローマ会議、林博太郎、前田正名、安田善二郎等八名の希望者あり
熊倉を訪ひしに結城は已に発掘済にて、吉田村真なりと云へり。
一、小供、先生と戦争の活動写真見物
来る十九日評議員会を開くこと。井上匡四郎子歓迎会。

二月十日

高等師範小火。
ローマ行の為め大河内子を事務所に招く。
加藤恒忠、大河内正敏、奥平昌恭、安田善二郎、石黒五十二、希望。
前田子、本日柳生俊久子訪問、小笠原子候補の件を話す。
夜、斎藤福松来邸、古本持帰る。

二月十一日

朝より斎藤来邸、午后より岩下子来邸。
五反田ほうさん工場へ参る筈の処止め。
御所不参。
小泉こう来邸。

二月十二日

研究会常務委員会、月番の件は中止。
酒井、前田両子、小笠原勁一子を招く。
佐藤鉄太郎中将の海軍に干する談話。潜水艇を恐れず、廿四艘以上率ゆるを得ず。

一、米国との戦、四億五千万円にて更に八四隊
一、滋養分を外国中に求めず支那、南米に求む
一、耶蘇教国合同して他宗と戦ふこと
一、最も酷なる行動日、最も神意に適し戦を早く中止
一、独乙の潜航艇戦は用意十分にして当然なり
一、英国の決意固くLuis16世の時と同様

大河内正敏子ローマ行決定。前の日英同盟は露国の為め、后者は独乙の為めなり。
片桐ふゆ子様来邸、禅宗の話あり。
ちよ来邸。

二月十三日

大河内子邸にて火曜会、海軍大臣副官大角大佐の独乙戦の講和〔話〕あり。

一、ギリシャ、ルーマニヤ方面は進む可からず
一、潜水艇百五十より二百艘、一ヶ月廿艘製造
一、水中にて方位を知ること、二十四時間潜水
一、機械水雷を敵前に布設すること
一、大砲発時、着弾を見ずして后弾を発つこと
一、めがねの精巧
一、米国は自国の海岸をのみ守ること

ちよ帰邸。

二月十四日

岩下、神田両氏来邸、神通力の試験、サダトモ。

片桐と釣。

洲崎の大火。

二月十五日

尚友会評議員会、黒田子補欠、小笠原勁一子。

交渉委員従前の通り。

小森氏訪問、満鉄の谷村氏及ひ岩下子に面会。

貞子小森氏訪問。

二月十六日

朝岩下子訪問、同伴猿盗〔ママ〕の活動見物。

斎藤福松来邸。

二月十七日

青木子訪問、二日分四十円渡す。白川資長子同席。

川口武和氏議員候補の件は反対。

廉子風邪にて発熱、三十九度。

二月十八日

吉田秀来診、1、2(二回)。

廉子三十九度二分、脈百二〇。

看護婦二名招く。

佐々三郎(浅草芳町二丁目、電話下谷九六)面会を求む。何故なりや。

二月十九日

小森氏来邸。

吉田秀来診、3。

小笠原勁一子来邸。

廉子三十九度六分。

地銀八十四匁二分、一四円九十九銭にて売（十七銭八厘）。

二月二十日

尚友会予選、小笠原勁一子当選。

井上匡四郎、大河内正敏両子送迎会。

廉子朝熱三十八度。

吉田秀来診（4）。

二月二十一日

大東重善来邸、池上就職の件。

吉田秀来診（5）。

坂本謹吾来邸。

廉子三十七度七分。

二月二十二日

廉子三十七度三分。

岩下子来邸、浅草へ参る。

吉田秀来診（6）。

二月二十三日

水野錬一宅訪問。

小森氏を訪問。

岩下子来邸。

吉田秀来診（7）。

二月二十四日

大河内正敏子ローマ行に付築地精養軒に会合。

村上、青木、前田、水野、大河内。大河内子、岡部、三島両子を訪ひ、村上男を常務委員に推すことを談すること。

松平保男子に招かる、塩谷、水野。

前田子、井上匡四郎子と大河内子を通して、築地に会合。

塩谷温氏来邸、沼田氏結城の件未だ分明せざる由。
華族会館総会。青木子評議員。

二月二十五日

結城へ参る。明日勝知様天盃下賜祝宴の筈。
熊倉に汽車中にて面会、昨日より技師二名を伴ひ吉田村発掘の計企を為しつゝあり。
斎藤福松来邸。
　京橋区岡崎町一丁目八番地（弁中）、恵愛看護婦会、平田早苗。
塩崎たか、明日帰る筈。
吉田秀来診（8）。

二月二十六日

研究会常務委員会。
男爵有志にて陸軍飛行機に付講話（谷口工兵大佐）。
看護婦一名帰る。
一、信州諏訪湖の飛行周遊
一、昇□力大なること
一、飛行船の骨他国にて出来ず
一、独乙は現在五十艘あり、百二十万円、七日に一艘
一、飛行機は一日五台製作
一、十二台位にて攻撃

二月二十七日

小笠原勁一子に花月へ招かる。
小森氏を訪ふ。満鉄谷村、他二名同席。
昨廿六日より二週間廉子欠席届差出。

二月二十八日

大河内正敏子に花月へ招かる。岡田、小松、木場君も来会。

水野五郎狂気為め鋏一来邸、金十五円持参。

大河内子、本日三島子を訪ひ、村上男常務委員推選。

大正六年三月一日

小森、岩下両子来邸、小森氏愈々本日候補辞退決心。

坂本謹吾来邸、固本参貸与。

吉田秀来診（9）。

三月二日

川口武和氏方へ電話架設、青木子の分也。

川口富子訪問、武和氏議員希望の件。

貞子歯医者より小森氏邸に参る。

昨日熊倉、小森氏を訪ひ、結城の件は金鯱鉾三、玉二、百二十匁の金九億六千本なりと云へり。

三月三日

蔵野千代、来九日嫁入に付来邸、金五円被下。

珍吉、三井銀行へ参り金二千円引出、十五銀行に入。

坂本謹吾氏来邸。
青木子日本銀行に三島子を訪問、人造肥料金七十三円にて五十株買入の由。

三月四日
中央亭に大河内、前田、青木三子と会合、岡部子、三島子を大河内子訪問、村上男を常務委員に推選の件報告。
青木子訪問、金三千六百五十円貸与、同子株買入の為め。
小森雄介氏来邸、明日郷里より前代議士上京、立候補を勧むるも応ぜざることに決す。

三月五日
母上先月来御病気に付御見舞に参る。
佐伯三郎大夫来邸、熊倉本日吉田村を掘り始むる由。

昨日村井弥吉夫人久子死亡に付、研究会有志より香奠の件青木子より電話。

三月六日
大河内子、加藤恒忠、河井書記官、ローマの議員会議に出発。
村井弥吉方へ弔問。
火曜会集会、村上、前田、青木。本日廉子病気に付西洋館使用。
貞子、片桐へ招かる。

三月七日
岩下子来邸、浅草行。

三月八日
貞子、背腹部疼痛の由。
八条隆正子を訪問。

午后より片桐と釣。

貞子、上野へ参る。

村井弥吉夫人葬儀、参らず。

三月九日

朝、坂本謹吾来邸。

岩下子来邸、榎本子宛投票を出す。

博、大塚の松平子爵邸へ招かる。

佐藤徳司来邸。

三月十日　雷雨

補欠選挙、新庄直知子当選。

貞子片桐へ参る。

文部省に田所次官を訪問、邦通学の件依頼。

博、大塚松平家へ遊びに参る。

三月十一日

小石川小日向台町一丁目五十二、工藤茂二郎来邸。

中陽暦発明者。

小森氏来邸、本朝熊倉同氏を訪問、吉田村発掘の様子を報告、出水甚しきに付更に蒸気ポンプを用ふる由。

吉田秀来診（一〇）。

松平直平子、厳君病気に付帰京の由、青木子より報告。

三月十二日

尚友会玉突会。

常務委員会。

海軍飛行機講和〔話〕、少佐河野三吉。

松平直平子、酒井子に面会、堀河子常務を止め自分も辞すとも可なりと云〔ひ〕し由。近日酒井子、三島子と会談の上、直平子に話すとのこと。

吉田秀来診、廉子手足へ薬を塗る（11）。

三月十三日

吉田秀来診（12）。

廉子二階に引移、室を掃除。

三島子令妹、中村進午博士夫人死去。

片桐と釣。

水野三郎夜来邸、鉄一と事業干係。

三月十四日

岩下子来邸。

小森氏来邸、本日熊倉を訪ひ、地中埋金の件に付書類見分、竹筒に金を流す。二貫二百目、百二十匁、大岡其他発掘の件。

貞子、井田、小森訪問。

工藤来邸、土器発掘の分持参。

別屋敷掃除済。

日銀利下の件、青木子より報告。

三月十五日

茨城県史会の田上五六、二名来邸（字鴨三五二〇）。

三島子邸へ喪中見舞に参る。

斎藤福松来邸、玉子見舞に被下。

片桐議院に参り、両陛下御真影頂戴拝受。

看護婦平田早苗、本日帰る、金十円被下。

三月十六日

松平来邸、証拠金公債千五百円渡。

青木子来邸、三日分四十円渡。三島子を立つることと話す。

岩下子来邸。

露国の大暴動起る。

直平子本夜朝鮮へ向け出発。

三月十七日
貞子片桐へ参る。
岩下子来邸、浅草より千住へ参る。
八条隆正子来邸、不在。

三月十八日
貞子、博同伴小森氏夫人と鶴見花月園に参る。
塩谷温氏訪問、熊倉、吉田村発掘の件話す。
たま発熱八度六分、吉田秀来診。

三月十九日　雨
岩下子本日牛込若松町へ移転。
寺内首相官邸へ招待。
　総選挙の振はざること、露国の困難。
　支那中の独人を退去せしむること。貴族少壮者の奮発。
　独軍の統率。人物のなきこと（地方官、官吏）。
　支那外交官の語学なきこと、郵船会社。
　結城にて後醍醐帝の書翰発見。
酒井子顔面神経の由。
吉田秀来診、たま。

三月二十日　雨
邦学校本日限。
松井来邸、金百九十円持参。
小泉こう来邸。
工藤茂三郎来邸。
柳沢先生来邸、廉子、博等復習依頼。

三月二十一日
牧野、水野両名にて酒井子病気見舞、菓子折持参。
坂本謹吾来邸。
小森氏昨日陸軍人の預言者訪問。
岩下子新邸訪問。新庄子邸へ礼に参る。

三月二十二日

小森氏熊倉を訪問、昨日熊倉吉田村より帰京、其発掘の様子を聞取、家族同伴来邸。

結城より小川かめ、□七来来〔衍字〕邸。

三月二十三日

伊藤歯医へ参り、□医直し。

研究会にて片桐と会合、共に釣。

小川かめ再来邸、一泊。明朝九時発にて結城に帰す筈。

斎藤福松来邸。

三月二十四日　雨

補欠選挙、小笠原勁一子当選。

文部省に松浦鎮二〔次〕郎氏訪問、学習院寄宿の件依頼。

前田子に同様依頼。

帰途、小森氏訪問。

博本日限、廉子本日限学校休。

三月二十五日

小森氏七時発須磨、奈良へ参る。

斎藤福松来邸、吉田村の様子大工火を見ること。

白川資長子訪問、光明天皇崩御の節菅公出で来りしこと、皇后宮神后〔ママ〕皇后の件話す。

出雲大社の祭の龍。

青木子忌明の礼に来邸。

田所次官足痛に付、前田子書面を以て寄宿の件依頼。

三月二十六日

学習院父兄懇談会、宿舎入寮に付石井、秋月、鳥野三教授の講話あり。

研究会男爵議員、高松博士講話。

×会、曾我氏より通知ありしも欠席。

三月二十七日

片桐来邸。

貞子、博の入学に干し学習院へ参る。宮本先生の話あり。

夜、岩下家一子来邸。

塩谷氏訪問、邦入寮に干し鳥野先生と相談依頼。

前田子訪問、学習院の件礼を陳ぶ。

三月二十八日

片桐と釣。

塩谷氏本日学習院に参られ鳥野教授に面会、邦通学の件内諾を得たり。

高倉永則子来邸。

三月二十九日

結城より平井良質来邸、小川かめ勝利入学に付相談。

久米の娘来邸、此度女子職業学校卒業。

ゆう来邸。

三月三十日

学習院卒業式、邦初等科卒業、本学年無欠席。

柳沢先生へ礼に参る。金百円贈る。

塩谷、吉沢両氏と上野精養軒に会食。

松平直平子父君葬儀。

番町水野家へ参る。貞子、邦同行。

小森氏本朝大坂より帰京。

吉田秀方へ邦入寮に干する診断書を受取に遣はす。

三月三十一日

塩谷君と学習院に鳥野幸次先生を訪ひ、邦通学の件を依頼し診断書（遺尿症）と共に願書差出。

邦、廉子、先生と奠都博覧会へ参る。

青木子来邸、本日松平直平子訪問の結果、岡部子より依頼の製粉会社々長を辞退に決す。

貞子、片桐に参る。

大正六年四年一日

結城より平井良質、小川家の件に付来邸。

小森氏来邸。

邦、初等科にて高松宮進学祝賀会あり。

四月二日

高倉永則子訪問、不在。

研究会へ参る。

手塚むめ来邸。

四月三日

あみ第一回　とうぼし三、いな十五、せいご二〇、きす三。

邦、学習院ボートへ参る。

佐藤徳司来邸。

四月四日

小川勝利一家上京、吉田為蔵同伴。

岩下子来邸、昨日小森氏岩下子を訪問、吉田村行を勧めしも応ぜずと。

水産講習所、工業試験所視察、村上、前田、青木、水野、安藤、西大路、本多、伊集院。

四月五日

豊本卓介来邸、綾部神道の話、鶴殿子は天照大神の妹の又妹なりと云へり、天ぬぼこ。

珍吉文部省へ参り、調査会手当金百五十円受取。

佐賀県有田町、深川製磁会社、一は申込支払十三円也。福岡七九八。

小森氏来邸、帰途同邸まで散歩。

田所次官より前田子宛、学習院通学の件許可する旨返事あり。

四月六日

早朝吉田為蔵来邸、中沢に対する証書を渡す。本日帰結。

あみ第二　せいご廿二、いな十四、小まる七、きす三。

貞子、小供写真撮影、大武。

四月七日

酒井忠亮子病気の礼に来邸。

坂本謹吾来邸。

火曜会、村上、前田、青木。

常務委員改選に付村上男の為め尽力すること。

原とく（旧番町女中）来邸。

四月八日

坂本釤之助氏と華族会館に会合、研究会常務委員の件に付相談、前田、青木。

邦同伴学習院に参り寄宿入寮に就て話を承る。

秋月氏曰く、入寮は規則なり、入寮に堪へざる学生か学習院に入学するの理なし、体格検査の上入学を許可すればなり。

華族の家庭は目を動かしても物を得。

三宅副寮長曰く、病気にても容易に医者にかゝり得ず。

久保さだ来邸。

四月九日

学習院始業式に付、邦、博目白に参る。珍吉同行。

邦通学に干する体格検査あり。

小森、高島、有賀定（工兵中尉、赤羽）三氏来邸、有賀氏の易判断あり。

岩下子一寸来邸。

四月十日

博を初等科に伴ひ行き、珍吉同行。

片桐と釣。

四月十一日

昭憲皇太后陛下三年式年参拝、不参。

三島子邸に七星会合、酒井、牧野、青木、水野。

常務委員重任の希望、研究会は子爵のみにて可なりとの説。

邦、発熱三十九度。

本所区林町三丁目三十六、江東看護婦会（本所三三六五）、竹原とき来る。

吉田秀来診（二回）。

熊倉、明日より更に吉田村へ参る由。

大工、土方を招き、裏物置修繕を命す。明日より取掛。

鎌倉より母上、片桐方へ参らる。

四月十二日

大工三名、土方二名、物置修繕。

吉田秀来診（3）、邦、三十九度七分。

前田、青木両子来邸、常務委員改選に干する三島子の意見に対し相談。

　前田子今朝三島子訪問、村上男を推選せられし由。

大工へ金二十円仮渡。

四月十三日

邦、三十九度八分まで昇熱。

朝三島子訪問、常務委員の件話す。堀河子宴会に酒井、牧野両子を招きし件、男爵代表の件話す。

吉田秀来診（4）。

夜、村上男訪問、本日安藤男三島子と会見、小早川、藤堂両男を推選の件。

斎藤福松来邸、吉田村発掘の様子話す。

四月十四日

邦、三十八度一分、吉田秀来診（5）。

酒井忠亮子来邸、常務委員男爵代表者藤堂男を出すこと。

三島子来邸、同上。

小森氏訪問、福良虎雄同席。

火曜会、青木、前田、村上、常務委員交渉の件報告。

裏の家屋出来上る。井沢銑一郎紙帳。

四月十五日

朝赤羽に有賀定氏訪問、結城の図面に付有無の感応を依頼せり。

大工本日休、勘定全部支払。

土方に呼鈴工事をなさしむ。

邦、三十七度九分。

水野敏勝来邸、金三百五十円返済、是にて全部相済。

夜八時半小森氏来邸、本日豊本氏来邸、近日鶴殿氏へ参ることに付中止の為め相談。

四月十六日

中島襄吉（医学士）を招き貞子診察。

夜、小森氏来邸。

研究会にて酒井、青木三名会合、村上男の件。

帰途小森氏訪問。

吉田秀来診（６）。

夜、村上男来邸、本日男爵議員会合相談の上、村上男を常務に推選の件を決議し、安藤男総代として三島子を訪問。

邦、本日より新築の家へ引移る。

四月十七日

来十九日勅選議員の会合を催す由、村上男より報告あり。

青木、前田、村上三氏来邸、男爵常務の件報告。

本朝前田子酒井子を訪問、重任の不可なる所以を論し、止むを得ざれは樋口子推選。

岩崎なほ来診。

四月十八日

尚友会懇親会、欠席。

評議員会、欠席。

三島子邸会合、村上男常務入に付、安藤男へ三島子より電話を以て其会見に干する報告の様子聞取。

有賀定氏来邸、結城の図面に干し判断し、鼎の形の品ある由。

邦、三十六度四分。

吉田秀来診（７）。

四月十九日

吉田秀来診（8）。

三島子邸会合、青木子より村上男に交渉し、応ぜさるときは同男を常務委員とすること。

酒井、青木両子と緑やに会食。

研究会にて宇都宮鼎氏欧州戦争談あり。

四月二十日

酒井、青木両子京都へ出発。

朝村上男を訪ひ、昨日勅選会合（坂本、加太、小松、村上）の様子聞取。

片桐にて母上に面会、金五千円公債売却の件の相談あり。

秋山真之、豊本、小森三氏来邸。

豊本状況話。

吉田、貞子の便検査し、十二支〔指〕腸虫及ひ肝蔵〔臓〕ジストマのあるを発見せり。

学習院より通学許可通知来る。

四月二十一日

朝四時貞子腹痛、岩崎より和田、加藤来邸。中島医学士来診。

吉田秀来診（9）。

塩谷、小森両氏来邸。

四月二十二日

片桐来邸、鎌倉の公債五千百五十円持参、一時預る。

坂本謹吾来邸。

岩倉具明夫人来邸、学習院の件。

小森氏来邸、共に片桐へ参り茶器見分。

岩下子今朝綾部より帰京、豊本は野狐なりと。

熊倉本日限り吉田村発掘を中止せし由。小森氏方へ参る。

四月二十三日

田所次官、秋山真之両氏宅へ礼に参る。

研究所へ参る、玉突会欠席。

岩崎なほ来診、全部出切りし由。

中島襄吉来診。

川口方へ母上を訪問。

公債五千〇十円六十五銭にて売却。

四月二十四日

酒井、青木両子、今朝京都より帰京。

青木子と共に村上男訪問、常務委員の件に付相談。

研究会常務委員会。

華族会館にて七星会、青木子より村上男訪問の結果報告。終に同男を常務とする件相談。

吉田秀来診（10）。

塩谷温氏来邸。

岩下家一子来邸、綾部の話、富士の風。

母上来邸。

四月二十五日

三島子より電話にて、酒井子を大日本農会々頭とすること。

四月二十六日

貞子、昨夕流産の徴たる物体（九時）出つ。

前田子七時四十分上野着に付、青木子と共に出迎ひ、来邸。村上男常務の経過に付相談、更に青木、前田両子同男を訪問、三島子より交渉に干しては円満に応酬す可き旨話す。

小森氏来邸。

母上、千代方へ参らる。后片桐へ参らる。

四月二十七日

邦、初めて庭に外出。

坂本謹吾来邸。
松平進子様金二百円立換。
吉田秀来診（11）。
中島襄吉来診。
夜、岩下子来邸。

四月二十八日

青木信光子来邸、先日立換の金三千六百五十円返却。
豊本より小森氏へ通信あり、鶴殿氏綾部へ参られし由。
坂本鏐〔彭〕之助氏三島子を訪問せし由、青木氏より報告あり。
青木子日本銀行に三島子を訪ひ、山田、村上両氏を訪問の件談す。
水野宋一より菓子折見舞。
加藤ゆう来邸。

四月二十九日

小森氏来邸、共に岩下子訪問、出来の分配を受く。
大正新聞社へ金二円出す。
村井弥吉忌明の礼に来邸。

四月三十日

靖国神社大祭、博、参拝。
青木子と研究会に会合。
吉田秀来診（12）。
鶴殿様帰京に付小森氏と共に参る。

大正六年五月一日

三島子より電話にて今朝村上男を訪問すと。尚清棲伯より村上男入幹に付反対せり（昨日訪問）。斎藤福松来邸。

邦、永川附近散歩。

淑江、植物園へ参る。

五月二日

吉田秀来診（13）、貞子胸部痛し。

邦、上野へ散歩に参る。

淑江、上野動物園へ参る。

片桐と釣。

鶴。

五月三日

小森、鶴殿両子来邸。大西氏と電報往復あり、結局七時三十分発にて出立の筈の処、更に電報にて面会を謝絶する旨申し来りしに付、出発見合せ。

吉田秀来診（14）。

五月四日

研究会元老会常務委員、美馬、堀河退き木本、村上入る。

鶴殿様訪問。小森氏訪問、小森氏一名出発の筈。

吉田秀来診（15）。

五月五日

小森氏来邸、鶴殿様へ京都行出来兼ぬる儀電報を発す。

火曜会、村上、青木、前田。

村上男入幹祝賀、三島子を予算委員長とする件。

熊倉良助、本日結城にて石橋の開通式を挙行。

五月六日

有馬頼之子葬儀、広尾祥雲寺に参る。

博、新宿植物御園拝観。

岩下子来邸、浅草にて食事。

吉田秀来診（16）、貞子虫下しは当分中止する筈。

五月七日

福宝来邸、落合地所の件。

小森氏夕七時の汽車にて京都へ出発。

五月八日

七星会、三島子邸、牧野子欠席。有馬頼之子補欠として板倉勝憲子を推すこと、予算委員長に三島子を推すことに付ては、平田子、康民子に三島子交渉する由。

加藤看護婦停車場に参る為め外出。

邦、鶴見花月園に参る。

坂本釤之助氏三島子訪問に干し、男爵議員の件、勅選会合の件、幸倶楽部と交渉の件、研究会の調査の件。

吉田秀来診（17）。

五月九日

終日在宅。邦、下読。

五月十日

工藤茂二郎来邸。

邦、のじゅむを塗る。

五月十一日

研究会常務委員投票開票。

酒井、前田、水野、村上、木本当選、堀河、美馬両氏退任。

鹿子木八十子《ママ》氏来邸、不在。

邦、活動に参る。

五月十二日

邦、はな同伴、鎌倉由比ケ浜海月旅館に参る。

電話、鎌倉三十三番。

久保さだ来邸。

小森氏京都より帰京。同氏訪問、綾部の件話す。

青木子製機会社の件に付今夜大坂へ出発。

五月十三日

廉子、博、さだ、とら同伴、鎌倉へ邦を見舞。

午前、小森雄介氏来邸。

看護婦裏の室を消毒。

村上男来邸、常務就任の挨拶。

坂本氏同君訪問、三島子の説にてやかましき故

□□□。

産業局評議員。

教育調査会員。

吉田秀来診（18）。

五月十四日

研究会常務委員会。

来廿五日、部長、理事、勅選、多額の会合。

三島子より村上男に大蔵省の調査嘱托の件。

華族会館臨幸の件。

教育調査会欠員の件。

農商務省臨時産業調査局評議員の件。

珍吉、目白学習院へ参り、邦書籍代支払。

吉田秀夜来診（自働車）。

五月十五日

朝、鎌倉に邦見舞。

貞子、今朝虫くたし薬服用。

牛込津久戸町24、中央実業社社主山口蓊より寄附

金書面郵便にて申し参りしに付、金一円廿五銭小

為替にて送付。

五月十六日

金百四十五円持参。

朝、三島子来邸、蒲田利子及ひ600持参せらる。

豊本より小森氏宛にて電報来る。

五月十七日

朝十時三十分、綾部大本へ着、同所一泊。

五月十八日

朝六時三分綾部発、直通帰来、夜八時三十分。

五月十九日

朝、鎌倉へ参り、邦帰京を命す。

邦、夕方帰京。

小森氏訪問、豊本に来会。国常立、御俊八□御七。

小森氏来邸。

吉田秀来診。

五月二十日

吉田秀来診。

とらゑ去る十六日頃より具合宜しからず、本日三十九度七分まて昇る。

さだ腹痛にて、三十八度五分発熱。

五月二十一日

尚友会評議員会、有馬子補欠板倉勝憲子、交渉委員酒井、牧野、水野に決す。

吉田秀来診、金五十円渡。さだ、とら、吉田医院へ入院。

岩下家一氏来邸。

新宮の鉄道架設依請願者来邸、岩下子に面会。

五月二十二日

両陛下会館行幸啓、観能会に出席。

斎藤福松来邸。

五月二十三日

朝、学習院に参り、鳥野先生に面会、歴史試験欠席の儀申込。

戸川安宅来邸、結城地所の件。

駿河台病院に秋山真之氏訪問、小森、豊本両氏同席。

小泉こう、斎藤みき来邸。

五月二十四日

結城中沢清八より小川氏五月分金四十三円送付に付、直ちに交付せり。

福宝末茂来邸、近日落合地所坪十三円にて譲受度旨申込。

華族会館祝賀会、欠席。

火曜会、松平直平、前田、青木、村上、水野。

五月二十五日

研究会に於て第一回勅選、部長、理事、審査幹事等会合。

常務委員会合、男爵議員、伯爵議員数増員の件に付有地男より三島子に交渉あり、松平直之伯、奥平昌恭伯より有地男へ交渉、就ては研究会は増員には同意するも、臨時議会に提出の件は同意せず、但し政府に於て提出するならば反対せず。

正親町伯、三島子を訪問、研究会幹部として伯爵団を現在の研究会所属の伯爵を落選せしめざる様交渉せられたしと申込み。

小森氏来邸、更に小森氏訪問、大西良慶氏より書面（始めは希望と歓楽、后は痛罵と絶交）。

五月二十六日

金五十円、納税の為め一宮へ送付。

貞子病後初めて外出、小森氏訪問。

朝日の兼田記者来邸。

斎藤福松来邸、金一円五十銭被下。

大東重善来邸。

五月二十七日

吉田秀来診、直、舌あれの為め。

小森氏、豊本来邸。

さだ、本日退院帰宅せし由。

五月二十八日

学習院初等科より博の病気に付届出の要求ありし故左に記載。

一、麻疹、六才の時

一、特に著しき病に罹りしことなし

一、鼻カタルに罹るに付常に留意

一、第一期種痘

尚友会評議員会、伯子男増員の件。

常務委員会、予算委員長の件。

尚友会玉会欠席。

館長、本日各爵事務委員を招き慰労。

夜、塩谷氏来邸、来六月三日頃鳥居龍蔵氏、大類伸博士、結城へ出張する由。

自著中学漢文読本贈与。

五月二十九日

鶴殿様、番町邸に参らるるに付、貞子参る。

ゆう、まん来邸。

松の母危篤に付帰宅。

五月三十日

尚友会予選、有馬子補欠、板倉勝憲子当選。交渉委員、牧野、酒井、水野。

五月三十一日

さだ本日出勤。

塩谷温氏来邸、来六月三日大学の先生結城に参ることに就き相談。

大正六年六月一日

小森氏来邸、金光教佐藤範雄明日赤坂離宮にてげんとうを上覧に供する由。

貞子、鶴殿様へ参りしも御不在。

六月二日

夕七時三十分発、貞子同行、綾部へ出発。

六月三日

午前十時三十着綾、一泊。

福島みね。

鳥居龍蔵、文学博士大類伸、原田淑夫、吉田某、塩谷温、五名、結城へ参り、発掘地実査。

六月四日

朝綾部出発、午后八時三十分着。

六月五日

朝福宝より電話にて、高田地所買受の準備出来し由なり。依て鎌倉へ参り、印鑑証明を受取る。

小森氏訪問、貞子同行。

貞子、鶴殿様へ参り、終日御話し、報告。

六月六日

鎌倉所有落合地所登記代金四千五百十一円也。福宝米茂に譲渡。

小泉こう来邸、女中の件に付。

火曜会、青木子を予算委員長とするの件。

直平子、前田子、青木子。

六月七日

常務委員会。予算委員長、江木氏、浅田氏、酒井、牧野両子の中より推選せし由。

伯爵林博太郎、前田利定よりの交渉を不満とせし由。

田逓相、内田次官の電話拒絶に付話しあり。

塩谷氏訪問、近日大学の先生来邸する由。

白川資長子来邸。

片桐印鑑証明の件に付鎌倉へ参る。

六月八日

村上男来邸、直平へ電話を以て三島子行交渉。

珍吉登記所へ参り、印鑑証明持ち帰り、鎌倉へ送付。

鈴木徳太郎（太陽記者）来邸、宗教話。

岩下子来邸、邦明日大坂へ出発。

六月九日

大給家へ参る。

秋山少将、小森氏邸訪問。

六月十日

坂本謹吾来邸。

青木子来邸、今朝三島子より教育調査会改正に干する交渉あり、又明日常務委員会欠席の件。

前田子より電話にて、本日平田東助子訪問、予算委員長に青木子を推選する件交渉の旨。

女中たま本日帰宅。

貞子、吉田方へ参り、とらゑ帰京見合の件。

貞子、小森氏訪問。

酒井、牧野、青木子と平田東助子訪問、外交調査委員任命の件、学習院評議員会の件、院長蜂須賀侯如何と。

熊倉先日小森氏へ金百円借用せる由聞及。

とらゑ宅へ発電、帰郷延期の件。

六月十一日

常務委員会に岡田文部大臣出席、教育調査会改造し内閣に直轄せしむる件談話あり、一同反対せり。

牧野、酒井、山田、村上、前田、青木、水野。

交渉会投票、松平、水野分新開へ渡し。

珍吉、三井銀行深川支店へ参り、重吉の分落合売代預入。

片桐へ公債利子二百五十円及び保険金三十一円九十銭渡。

六月十二日

朝電話にて三島子に教育調査会の件に付意見を陳べ、山田春三氏訪問。同氏は山県公宴席にて寺内首相に面会、其節研究会の意見を申陳ふる由。電車中菊池男に面会、様子を話す。極力菊池案を主張する由。

学習院に参り、鳥野先生訪問。本日より邦英語を十分に復習する筈を話せり。

たま御礼に来邸。

火曜会、前田、青木、村上。

教育調査会の件に付明朝常務委員会。

大類伸、原田淑夫、塩谷温来邸、結城発掘地の件に付。

六月十三日

常務委員会事務所、三島、青木、前田、村上、水野。

教育調査会改造、従来の会員を変更せざる件に付、三島子岡田文相を訪問。内閣の所属とすることは動かし得ず、元老にも相談せし由。

山田氏午后二時首相訪問の筈。

青木子と談判し予算削除に付。

伯爵団より回答あり。研究会の議員の落選せさる様取計らひに付、来十五日午后三時事務所に参る由。

邦、本日より昼休みに英語の独り教授を受く。

六月十四日

朝日記者兼田来邸。

小森、高島両氏来邸。

三島子午前首相訪問、教育調査会改造の件に付、全員不変更或は不改造の件談判。

本日寺内首相より回答あり、調査会の所属を内閣に移すと雖も、現在会員に変更を来さずと云ふ。

文部大臣よりも同様三島子爵に回答あり。

六月十五日

朝岡田良平氏大臣として来邸、教育調査会従前の人員を変更せざる件話しあり。

三島子来邸、金持参。

午后三時、常務委員会。

首相より三島子教調は変更せすとの電話あり。

戦時増税の件、外国為替の件。

伯爵団より林、奥平、柳原来会、研究会の議員の再任に付ては十分尽力す可きに付、増員に賛成せよと。研究会にては常務委員中不在者あるを以て相談の上に返事す可しと。

六月十六日

貞子、小森氏訪問。

寺内首相予算内示会、酒井、牧野欠席。

前田子、三島子訪問、委員長に青木子を推し、酒井子に対しては林博太郎伯の件にて服従せざることを言明せり。

村上、前田両子と直平子訪問、同子に更に三島子を説くべく依頼。

夜、塩谷氏来邸、小川郷太郎氏の件聞及。

博、たま方へ参る。山王祭。

ちよ来邸。

朝、村上男訪問、教育調査会の様子報告。

工藤茂三郎来邸、岡田文相へ紹介状を与ふ。

六月十七日

直平子蒲田に三島子訪問、予算委員長に青木子推選。后、前田子を訪ひ報告あり。

松平保男子家族来邸、文学博士大類伸氏海軍省臨時調査会嘱托の由。

とらゑ、吉田方より退院。

秋山少将、今朝綾部より帰京、小森氏同氏を訪問せり。

六月十八日

今朝、青木子、直平子と会見。

華族会館評議員を青木子欠席の事とせり。

中央生命に前田、村上、青木、水野会合。

酒井子、前田子訪問。

貞子、昨夜より第一回書初。

夜、新橋に前田子、青木子と会合、明朝前田子、三島子を訪問し、更に青木子推選の筈（三島子より電話にて酒井子と前田子との感情融和の結果、前田子は酒井子を推選の意思回復せりと）。

六月十九日

前田子、朝三島子訪問、青木子を推選し、酒井子とは感情和せりと報告す。

鎌倉より母上来泊。

夜三島子訪問、委員長副との干係、酒井、前田両子の干係に付話す。

中央生命に村上、前田、青木三子と会合。今朝三島子、村上男訪問の結果を報告を受く（村上男第一部長として青木子を推す。其他は両子とも同格とすること）。

小森氏訪問。秋山少将よりの書面を見る。同少将来会し、綾部より浅野和二郎氏上京、小森氏、秋山少将邸に同氏訪問。

六月二十日

三島子、朝、酒井、青木両子を訪問して、予算委員長に付両子の折合を付くる由。両子華族会館に於て会見。

前田子、今朝酒井子を訪問、青木子を推選せしに、三島子よりは酒井子推選の電話となる。

母上、片桐へ参らる。

両子会見の結果、副委員長を両人中にて出すこととし、不満にて別る。

青木子来邸、夫れより島屋に直平子訪問、到底酒井子と円満に交渉出来ざる旨青木子より三島子に対し回答することに決す。

青木子、夜、三島子訪問、酒井子と到底共同し得ざる理由を述ぶ。

三島子、青木子を訪問となる。

綾部の新説を山本伯、児玉伯、宮様（伏見様）へ差上。

貞子、小森氏訪問、秋山少将書面に付神意を伺ふ。

六月二十一日

午前七時三十分、三島子邸に青木、酒井両子会合、副委員長を青木子引受けに決す。

議会召集。

母上、貞子買物に参り、母上より安全かみそり被下。

常任委員の割当を為す。

六月二十二日

築地精養軒に於て火曜会、松平直平子主人、東松案説明、村上男より予算内容説明、青木子副委員長の件祝賀。

帰途、小森氏訪問。秋山少将訪問。

秋山、小森両氏、松方内大臣訪問。

秋山氏、宮内大臣訪問。

六月二十三日

議会開院式、欠席。

小森氏来邸、天照大神霊□に八百万神々集られ〔し〕こと。

直、赤、青の王霊を頂戴せり。

貞子、秋山少将邸に参る。

秋山少将、宮殿下及び鷹司侍従長訪問。

綾部の岡来邸、反物、菓子料被下。

水野勝昌殿妻佳旨子本日死去通知参る。

東京貯蓄銀行にて金五千円引出、伊東二郎丸子に面会。

松平直平子、平田子に面会、予算委員長に浅田氏、副委員長に青木子を推選し、若し酒井、牧野両子を推さば研究会は分裂す可しと忠告せり。

六月二十四日
母上、千代子方へ弔詞に参る。
朝、酒井子を訪ひ、林伯の件挨拶を為し、本会議に対し方針を定むる為め七星会を開くことの相談を為せり。

六月二十五日
地久節、学校休み。
多額納税議員、常務委員会と花月に懇親会。
母上、片桐方へ参る。

六月二十六日　九十度
岩下子、小森氏訪問、森山海軍少将、秋山君に忠告せりと。
綾部より電報を以て、東京の神の誤なる件報し来る。

三島子邸に七星会を開き、将来の規制及び青木、酒井両子を代表として将来交渉を為すの件。

電話問題に付田逓相と交渉すること。

予算副委員長に青木子推選と決定す。

本会議、首相、外相の談話、欠席せり。

非常の熱さなり。九十度。

六月二十七日　本会議なし
暑気甚たし。

三島子首相訪問。政府財政の訂正、駆逐艦四艘増派、石井大使派遣、教育調査会、五時間の閣議。

三島子、高木男、浅田氏訪問、青木子を予算副委員長に推選の件、両委員にて明日午前八時三十分会見の筈。

松平直平子首相訪問、研究会の状態に付相談。

小森氏来邸。

六月二十八日　本会議なし

昨日、池袋、岸本第一回公判。

勅選に〔ママ〕男爵、部長、理事懇親会、花月。

貞子、小森氏訪問、秋山少将より書面にて大本教を邪教なりと称し、注意すべしと。

今朝、青木子、織田氏と面会、副委員長決定。

暑気九十一度。

六月二十九日

博、咽喉の為め向野へ参る。学校休み。

議長招待会、欠席。

珍吉、三井銀行へ参り、鎌倉の金百円引出、内五十円は先日差上、五十円は予備として尾張やに入る筈。

加藤ゆう来邸。

夕立あり。

青木子、三島子に対し電話の件、全部承諾如何を質す。

三島子、勝田蔵相と電話計画に付相談。

六月三十日

請願委員を招き、予審法案に付反対の意見を通す。

田逓相を研究会に招き、電話の件に付常務委員と相談の筈の処、衆議院解会遅れし為め中止。

広岡氏より金五百円送付。

伊藤歯科医に参りゴム入る。

博渡辺へ参り診察、風邪、格別のことなし。

大正六年七月一日

邦、臨時に学習院にて英語の教授を受く。

市来次官の予算説明。

研究会総会、伯子男爵増加問題常務委員に一任。

村上男産業組合の件に付意見あり、勧業銀行部会開会の件に付青木子と衝突。

貞子、白木屋へ参る。

久米りん来邸。

七月二日

本会議。産業組合法に付平田子発言せり。木村誓太氏の修正意見に付賛否の問題あり。

田逓相研究会に来会、電話の件説明あり。

三島子邸、七星会。教育調査、電話等大体に於て原案通りとなさんと決す。

秋山少将より書面にて、綾部の不可なる所以を示す。

七月三日

終日在宅。

火曜会、松平直平、村上、前田、青木。

　青木子副委員長を他日辞任の件に付忠告。

　東拓法案、衆議院にて難問となり居る。

七月四日

岡田文相、研究会幹部招待。

秋山少将より小森氏へ対し、更に来翰、九分九厘の□に於て綾部の魔神たることを看破せりと。

七月五日

本会議、工業所有権、戦時法。

岡田文相研究会へ来会、江木千之氏より貴族院へ不信任提出の件、乃ち掛川に於て松浦五兵衛なる前科者を推選せること、太田川修築の件、奥田某も鳥取に於て推選せること等。

撰挙交渉会。

前田子予算第一分科に於て主査となる。目賀田男は一票の差、四票にて当選。

松平保男子より電話にて、秋山少将の件に付宮殿下御心配、宮内省の大臣、侍従武官長、内大臣等は狂とせりと。

小森氏来邸、白狐ありと。

七月六日

選挙交渉会。

岡田文相の件に付有松長官を招き相談。

七月七日

板倉勝憲子当選、二百九十票。井上匡四郎子間に合はず。

決算に付研究会総会。


華族会館総会、京都分館建築の件。

邦、本日より試験、国語。

七月八日

朝、塩谷氏来邸、邦英語夏休復修の件依頼。

本会議、岡田文相謝罪。江木氏より恩賜脚の件。

岡田文相午后研究会へ礼に来会。

本間録郎氏本日上京。

七月九日

予算総会。

貞子、四谷学習院へ参る、博。

本間録郎氏来邸。

岩下家一子来邸。

たま来邸。

七月十日

塩谷温氏子息と共に来邸、金六十円贈呈。

小泉こう来邸。

綾部よりつけぎ送付。

大河内正敏子養家母堂逝去。

常務委員に於て電話公債案可決す可きものと内定。

青木子に対し議長より委員に任命せざる件の内談。

七月十一日

淑江、今朝下痢。

本会議東拓法案、欠席。

村上男第四号予算各派交渉会に於て修正に決定せるに付異議あり、直平子に調停依頼。明朝同男訪問。

七月十二日

予備金支出の委員に当る。午后出院、委員長清閑寺、副八条子。

眼充血の為め痛む。

七月十三日

本会議、本日終了の筈の処一日延期となる。

農商務の鈴木英雄氏に大河内子母堂逝去の電報を発す可き旨依頼。

貞子女学部より小森氏方へ参る。

七月十四日

議事本日にて終。
一、青木子委員長
二、前田子主査
三、村上男両院協議
四、直平子東拓
五、水野教育会議
湖月にて三島子より招かる。常務、部長、理事、勅選、幹事。還元集本日受取。

片桐ふゆ子様流産の報。

七月十五日

森来邸。

研究会多額議員の為め赤坂三河やに招かる。

木本、日高、滝川、福島、安田、依田、松尾、美馬。

電車停電。

七月十六日

松平直平子と精養軒にて会食、青木、前田。

村上男の件に付直平子に調停を依頼。

池袋岸本公判、第二回。

歳費百六十六円六十六銭受取。

貞子買物。

小森氏訪問、秋山少将の様子聞及、秋山氏は本日将官会議々員となる。

工藤茂二郎来邸。

大森金五郎先生より書面にて池袋の件。

研究会にて坂本箕山に面会、議会の様子。

七月十七日

松平直平子より香雲軒に招かる。欠席。

邦学業の件に付目白学習院に呼出。

小堀、園部両氏祝賀会。

大森金五郎先生に招かる。同先生来邸。

博通信簿。

三島子に学習院の件話す。

秋月、熊本、吉田、鈴木、馬場。

七月十八日

塩谷氏来邸、邦教育の件及ひ学習院の件話す。

広軌鉄道試運転、欠席。

松井来邸、金五円。

下谷下根岸六六、今井静治先生。
一ツ橋高等小学校。
邦来廿一日より毎日通学。
吉田秀方へ参る。金三十円礼。
小森氏来邸。

七月十九日
塩谷氏訪問、井上男訪問、片桐訪問。
夜、青木子訪問。

七月二十日
立川長宏氏訪問。
星野赤痢の由に付、母上鎌倉より上京。
小川左太郎、塩谷温夜来邸。

七月二十一日
邦同伴、午后今井静治先生訪問、明朝より授業を始む。
はな、川口武豊氏を沼津水泳場へ送る。
母上、川口方へ参らる。
首相、上院幹部、委員長、主査等を招待。

七月二十二日
邦、本日より英語授業に参る。同行。
冷泉子爵来邸。
淑江、昨夜一寸発熱。
廉子下痢、熱七度八分。
板倉勝憲子より隅田川舟遊に招かれしも不参。

七月二十三日
吉井勝稚氏（伯爵令嗣）来邸、学習院の近状に付。
貞子、博、松やへ買物。
電灯会社、電球を取換に来る。

七月二十四日

前田利定子訪問、学習院の件に付平田子訪問を依頼。

岩下子訪問、来廿九日学習院水泳場に参る由。

小森氏訪問、夫人腹膜炎先頃発せし由。

七月二十五日

池袋五番地水越宗一来邸、むさし野新聞経営困難に付金銭寄附申来る。珍吉富坂警察に使。

山口弘達子来邸、学習院の件及ひ神様の件。

母上、青山より来邸。

七月二十六日

田所文部次官を文部省に訪問し、学習院の件を依頼せり。

一、秋月氏任命に付知る所なし

二、教授会に寄宿廃止説を持ち出し、否決せられ、独断にて学習院評議会に提出し否決せらる、大迫院長不承諾

三、熱海へ白鳥博士参る

四、牧野、富井、山川、白鳥氏院長候補

鈴木徳太郎来邸、貴族院予算速記録。

大東重善氏来邸。

七月二十七日

三島子訪問、学習院の件、久保田、木場氏等に意見を陳ぶ可き旨話しあり、秋月氏と院長との折合宜しと解す。

大森先生を訪ふ。七月十五日院長任命の件は石原宮内次官より白鳥博士に対し報告ありし由、寄宿の廃止は吉田、熊本両氏の立案なり、荒川副寮長免職の件、白鳥博士其他は已に辞表提出済なり。

院長は心痛の余り神経衰弱。

母上、貞子、三越へ買物。

七月二十八日
酒井忠亮子訪問、学習院の件。
牧野一成、土方雄志来邸。
貞子、川口、森、番町小森へ参る、小森氏は不在。
母上帰鎌。
府下池袋一一二八、志水代次郎来邸。
□〔塚〕田大峯伝記の為め結城藩史調査。

七月二十九日
朝、岩下子来邸。
朝、地震あり、艮の石を取り去る。
三島子昨日よりなすに避暑せる旨酒井子より電話。

七月三十日
仙太魚持参。

七月三十一日
四年二、三年三、きす二、二年十五。

大正六年八月一日
前田子より電話にて、平田子訪問の結果、秋月氏は已に辞表を提出せりと。同子は明夕出発旅行。
加藤ゆう来邸。
青木子来邸、八月分渡。

八月二日
牧野一成子来邸、母堂日月教の柳沢氏信仰の件話しあり。
小雨一時至る。
波多野宮相、牧野男を訪問せしは学習院の件に干するならん。
珍吉四谷警察に参る。水野頼一（保二郎男）と称する者当家の氏名を欺称して悪事を為し居るとのことに付、無干係なること申立。

八月三日
岸本公判第三回、宝田氏出庭〔廷〕。

八月四日
貞子同伴、牧野一成子訪問、母堂に面会。
天皇神霊に接す。

八月五日
安井正太郎（元太陽記者、海軍協会発起）。
　高田村雑司谷七一二。
　神田松住町一、下谷一三三二。
吉田秀来邸。
たゝみや奥全部取換。
水野忠陽子来邸、農学校在学。

八月六日
岩下子方へ志賀直方氏来り〔し〕に付招かる。
　建長寺僧の中に霊力ある者。

満鉄理事長は違法の件。

八月七日

八条隆正子来邸、満鉄の話。
青木子訪問、右件に付。
斎藤みき来邸、初めて鎮魂。
八条子、夜大狐出る。

八月八日

日々新聞に満鉄総会問題あり。青木子と事務所に会し相談、青木子、三島子訪問。
三島子大驚。
小森氏赤星家にビリケンに引かる。
新開より白鼠。
小森氏玄関狸あり。

八月九日

片桐、茶器の件。
櫛笥、白川子来邸。
山本氏の植木屋、木より落つ。

八月十日

学習院に稲葉二郎氏を訪ひ、今井先生謝儀三十円。
貞子、丁子屋より間部様へ参る。
岸本三年六ヶ月の懲役となる。

八月十一日

第六天松平様病気、貞子参る。
改葬に干し同行を求むる人。和□。
夜、松平夫婦多少苦痛あり。
本日より眼病幾分宜しき様なり。

八月十二日

貞子、邦、廉子第六天に参る。

入江為守氏来邸、七星会及ひ来年総選挙に干する
意見を陳ぶ。
直平子の拓殖総裁に平田子推選せしも寺内伯反対。
岩下子来邸、満鉄は理事長か命令を受くる為めに
無能力者となる。

八月十三日

頭の三角形痛みは学習院の件なり。
小泉こう来邸。
大給様へ参る、片桐ふゆ子様□□。
夜、千代子来邸、此度宇治へ転任。

八月十四日

今井静治先生へ金三十円贈る。
火曜会、村上男、青木子来邸。
　村上男より内国通運会社の件相談。
　村上男、漢国の人。
　青木子、狐の位ある者。
　　ふゆ子、大蛇。
水野千代、敏勝、宇治へ転任に付出発。

八月十五日

青木子来邸、金千五百円貸与。
青木子通運重役たる件に付、村上男訪問。
坂本謹吾来邸。
井沢鑑二郎来邸―天理教の笛、婦人の狐。
松原芳子大に快し。
酒井子より電話にて、学習院の件、歳費の件に付
近く七星会に開くべしと。

八月十六日

大給様へ参る、増子殿縁話〔ママ〕の件。明珍具足。
さだ、今朝下痢。
三島子より電話、波多野宮相訪問。

山川博士、柳沢博士は殆んと確定になりたり。

徳川頼倫侯との説もあり。

波多野宮相兼任説ともなり。

夜、水野三郎来邸、Yasoを見る。

ローマ法皇講和提議。

八月十七日

学習院長北条氏に決定の様子に付、塩谷氏訪問。

八月十八日

松井来邸、臨時国債応募金一万円証拠金五百円渡。

三島子より電話、今朝波多野宮相訪問、北条院長の件は愛国通信より漏る。

塩谷温氏来邸、院長の人格に付報告。

貞子、邦、四谷の松平様御寺へ参る。

昨日の軍艦敷島の大砲破裂は猩々なり。

有松英義氏、青木子訪問。

八月十九日

東洋製鉄五十株申込、松井。

大給左様来邸、具足の書付持参。

白川資長子来邸、結城宝物の話。

夜、岩下家一子来邸。

水野鍈一近日結婚に付来邸。

八月二十日

菊池男昨日薨去に付、今朝弔問。

青木子来邸、常務委員として菊池男訪問、弔詞を陳ぶ。尚友会十円、研究会十五円香奠。

菊池男の霊に付、淑江今朝不快一時にて全治。

青木子来邸、電話売却の御礼金百円。

八月二十一日

松平保男子会津へ出発、貞子見送る。

白川資長子を訪ひ、結城の狐及ひ亡霊を質問せり。

八月二十二日

貞子同伴、結城行、聡敏様、わらし、殿内の悪魔払。

奥田市長死去。

不在中斎藤みき、高橋さく来邸。

八月二十三日

菊池男葬儀、代理。

奥田男爵弔訪。

三島子邸会合、酒井、青木、水野。

　学習院の件報告を受く。波多野子は寺内首相と軍人院長の件に付意見異〔ママ〕の分る。

　牧野子は旅行中の由。

大猥侯重患。

八月二十四日

半靴一足。

八月二十五日

片桐貞央来邸、南洋のうなぎ発見。

茶室二千円の件。

夕、白川子訪問。白髪老人二名、すさのう、ふつ主神。

八月二十六日

大給園子様来邸、山田伯縁談に付、梅子の霊。

吉田秀来邸。

斎藤福松来邸。

岩下家一来邸。

小森氏より電話、明日鳥居坂赤星家に戴天仇の話ある由。

奥田市長葬儀。

水野鉄一結婚。

八月二十七日

鉄一、森島の妻と共に新妻同伴。

赤星邸にて支那南方の張継戴傅賢福長岩下の事情聞取。

　清朝后腐敗。朝旨退歩。軍隊圧迫。段の勢力は格別なし。

夜、井沢鑑二郎来邸、手拭。

八月二十八日

日本銀行国債二千円払込、松井渡。

第六天松平様より会津御土産物。

さゝや来邸、地所の件、天狗。

今井静治先生来邸。

八月二十九日

前田子朝六時上野着、出迎、面会し得ず。

大給様へ貞子同伴、片桐も来会、夫れより貞子、第六天松平様へ参る。

米津政賢子来邸。

博、鼻の為め向野へ参る。

大給様よりうなき到来。

大給家、稲荷と地所売却との件。

八月三十日

あみ。ほら二、いな十、せいご十一。

貞子、今井静治先生へ参る。本日にて邦英語了る。

貞子、番町へ参る。

　立皇后に干し大河内国子其他六名候補者の件、橋本綱常。

貞子、片桐へ参る。

貞子、小森氏に参る。小森氏腰部痛み剱返す、更に神様より必要に応し剱の拝借出来得ること。小森氏は狸の為めなり。

博、向野に参る。

八月三十一日

自久庵宮北亀太郎、麹町三番町二〇。

松平様紹介之井戸茶碗を欠く。

小森氏、狸に他より依頼なれども其人の為め名を申さず。已に知り存ず、之により去る可し。八月中水野家との間を離間せしは余の仕業なり。玄関にありしも肉体に付けり。

大正六年九月一日

珍吉妻きよ、嫁同伴鎌倉に参る。

片桐来邸、利久壷持参。

大給園子様来邸、片桐の件に付依頼。

九月二日

片桐、鎌倉へ参り、昨日の件に付事情申添。

行違ひに母上来邸。

片桐、母上と相談、鎌倉より一時金二千円を片桐へ貸与の件。

井沢鑑二郎来邸。

九月三日

大東重善来邸。利久井へ金十円被下様談等あり。

研究会、村上、前田、青木、水野会合。来る六日より西大路、新庄、伊集院、依田四氏海軍射撃見学に参るに付、金百円支出の件。

母上、川口方へ参る。
斎藤みき来邸（三猿、杖）。
小森氏来邸、目黒停車場前尾前と云ふ通力の人ある由。

九月四日

三島子より炭七十五俵送付。
母上、富子方より帰られ、大給家へ参らる。
白川資長子来邸、来十日過結城行。
天皇様の□、片桐方方位、辰巳の建築不可。

九月五日

去る三日独軍リガ占領。
貞子、白川資長子訪問。御所御鈴。
歯科医へ参る。
三郎来邸、ヤソ渡来の時の干係告。
　母上、京都の僧正。
　母上、片桐へ参る。

九月六日

珍吉、日暮里本行寺へ斎藤住職退任届持参。
珍吉、三島子方へ参り炭代御渡。
片桐来邸。
大給家へ参る、片桐の件本日にて終る。
片桐死リヨウは去るも、尚他に続々来る申せり。

九月七日

朝、五島盛光子来邸、神国論に付話す。
貞子、廉子、はな歯科医へ参る。
勝知様へ結城の件に付神勅を受く可き書面差出。

九月八日

大河内正敏子帰京に付横浜へ参る。入港時刻遅れし為め帰る。

東京貯蔵銀行にて金七千〇四十九円引出、十五銀行に入。
淑江、昨夜より発熱、九度。母上、梅子。
博、くらに入る。
夜、吉田秀来診（1）。

九月九日

松平様より電話に付、大給家に増子様写真申込。
水野珍吉、神官。
　五郎、忘霊に干し詳細珍吉に話す。
吉田秀来診（2）。

九月十日

研究会常務委員会、午前十時。
日本銀行へ金七千三百円払込、松井渡。
　甲種国債登録
　◎臨時国庫証券　壱万円
　　い号第壱七番
　　水野貞子
水野きよ、天狗三疋、行者の山中にて死せる者。

九月十一日

水野鍈一来邸、五郎の件。
　狐御用、三人の女。
吉田秀来邸。
　貢の代りに祖父、箱及び刀。
水野五郎、バイオリン買入に付廿五円貸与。

九月十二日

両陛下日光より還幸に付、邦、博奉迎。
火曜会、村上、大河内、青木、前田。
　大河内子帰朝に付、旅行談。
　宇売女命の神意に依るものなり。
新帝国社伊藤邦太郎（深川熊井町八）（本所二二

三二）、法学士平垣貞光両氏、岡喜七郎氏の紹介にて来邸、熊倉良助紹介を依頼。

鈴木徳太郎来邸、大河内正敏子紹介の件。

九月十三日

邦、博、乃木大将墓参。

臨時教育会議委員推選に付、岡田君より書面着。

大森金五郎氏訪問、不在。

前田利定子、入江子を訪問、今秋常務委員改選の件に付、山田、牧野両子退任して、直平、坂本両氏を入るゝ件を申出せし由。

珍吉日月教へ参り、教理を聞く。

九月十四日

大野若三郎来邸。

牧野一成子来邸、女中の件。

　祖先第二代使刀の宝刀見極めの件。

夜、岩下子来邸、豊本は岸博士等の費用を以て綾部に修業し居る由。

本日の新聞に、桜丸の件に付犬塚氏之干係上有地男訴へらる。

九月十五日

青木子と共に大同生命に広岡氏と会見。
尚友会、研究会にて大河内子歓迎茶話会。
来る廿日第一銀行の土岐氏と共に三島子爵、学習院長の北條時敬氏と会談する由。
牧野一成子女中、井沢鑑二郎鎮魂。
　井沢、せみまる
文部大臣岡田良平氏に対し、臨時教育会議委員承諾の通知を発す。
　天照皇太[大]神御使素浅[戔]男尊より重き四角の箱頂戴。
　鋏一郎兄亡霊。

九月十六日

邦学習院費十五銀行へ金二円三十銭送付。

斎藤みき来邸、井沢、山田。

みき発熱、結城は来年発掘、トンネル、金千円要、伏見稲荷十円。

静間の母（琴）のどに狐生霊あり。

村上男来邸、斯波男より議員当選の上は研究会に入会の運動、大河内子を招き依頼。

水越宗一雨天に傘なしにて来邸、面会を求む。拒絶。

九月十七日

研究会常務委員会、村上、青木、前田、水野。

正親町伯議員辞任の件、木本氏呼出。

村上男と大河内子を大学に訪問、斯波男の様子聞取、同男は当分純無所属たる由。

尚友会玉会、欠席。

留守に工藤茂三郎来邸、七年の暦持参。

結城の千円入用は当家へ一室を増築する分も加る。

夜、塩谷氏来邸、星野博士夫妻、春子の亡霊。

丹波の鬼。はなはき一。

結城に干する箱中には巻物あり、宝物の来歴記載。

九月十八日

牧野子母堂、一成子女中来邸。

大江山の鬼。

塩谷氏来邸、星野家のはるははなの誤。

九月十九日

大岡忠量子来邸、悪鬼の話を為す。

日々新聞玉利来邸。

青木子来邸、本日辰沢氏訪問、内通運会社の件。

村上男来邸、青木子通運監査役の件。

斎藤みき来邸。

天照皇太〔大〕神宮御神勅。
うがやふきあへずの尊。

九月二十日

丁子屋より香合書類返却。
たま第六天より帰る。千代大病の由。
井沢テル泊る。
結城の聡敏神社にて神勅を受く。
貞子、井沢、斎藤夫婦参る。

九月二十一日

公債買入の為め金九百六十円松井渡。
宮北亀二郎方へ参り、香合の書付を見せる。
井戸の茶碗渡。
片桐の利休の壷返却。
臨時教育会議々員被仰付。

九月二十二日

牧野子母堂、一成子来邸、犬退治する。
みきを電報にて呼ふ、井沢。
をきよ、珍吉、五郎来邸。
宮北氏より金千八百円（五十円手数）受取（重吉、井戸茶碗）。
片桐、宮北へ参り壷及び香合売却を托す。

九月二十三日

夜、前田、青木両子来邸。
一、直平子を奮発せしめ常務とすること
二、多額議員は前田子主任
三、大河内、村上両氏貴族院に発展
昼、牧野様来邸、二階。

九月二十四日

夜、牧野、山田、珍吉、斎藤、みき、直、貞。

右に付牧野様、月読、ににぎ、神武、明治。

鬼退治、素浅男神勅、国家に御奉公。

朝、村上男を訪ひ、青木子の通運監査役承諾を約す。

斎藤福松、長二郎のいたち。

福松、結城の神勅を清写。

九月二十五日

斎藤みき来泊中の処帰宅。

片桐来邸、金四千〇八円六十五銭、鎌倉の分返済。

十五銀行へ預入。

茶碗代千七百五十円、同上。

斎藤福松来邸、天狗ののりと。

牧野様。

明治帝、早くはこべ、結城へ行け、抑へ、国の為めつくせよ。

井沢鑑二郎、みのがめ、浦島、秀吉。

九月二十六日

四郎珍吉宅を守護出来ず、霊界に帰る。

斎藤福。

長屋火災保険四百円分、年四円の由に付断る。

夜、牧野子来邸。

にゝぎの尊、高千穂峯へ降臨、宇受女の守護神となる。之を以て宇受女は明日結城へ参り草なぎの劔にて魔を払ひ箱を出すこと。

常務委員会。木本氏を奈良より招く。

前田、青木両子に多額議員に対する件主任として奔走を依頼。

木本氏を花月へ招く。村上、前田、青木、牧野、三島。

九月二十七日

貞子、鑑、みき、結城行。

杉林中の根の切りたる所を発見。

三つ目小僧、鬼。

牧野、斎藤、井沢。

掘ることは宇受女の考にてせよ。

火曜会、大河内、村上、前田、青木、水野。

牧野子の代りを直平子を常務とすること、直平子帰京の節直ちに一会開き其真意を確むる筈。

九月二十八日

臨時教育会議、寺内首相より招かる、官邸。

貞子女学部へ参る。

三島子留守中に来邸。

九月二十九日

川口富子の女子昨夜急病にて死せり。

結城行、福松、貞子、直。

森の中已定の場所一丈を掘る。

九月三十日

初等科保証人会。

北条院長挨拶、一、統一主義　二、個人。

石井主任、養育院、さめがはし。

貞子、川口方へ参る。

牧野様。

明治天皇、尚二尺下、西より入る。

神武天皇、箱の御取扱。

にゝぎの尊、御守護。

斎藤はこの花さくやひめ。

明治天皇、牧野家の件を伺ひ突然御昇天。

大正六年十年一日

午前一時頃より暴風雨にて車庫つぶる。

教育会議第一回、高木、坂谷両男の宗教論。

研究会に参る。青木子より６００円受取。

大工二人、土方二人、暴風雨被害修繕に来る。

十月二日

貞子、直、井沢、結城行。平井、武者。

太陽、太陰、富士、筑波、日光守護神。

井戸十五尺位掘り下る。清水の外二人。

夜、牧野様来邸。

教育会議第二回、欠席。

大工二人、土方二人。

十月三日

夜、牧野、山田、みき、高、井沢来邸。

乃木、木村、正行、家康、道真。

砂と粘土との固き所より二尺位、大松の木の下に在りと判す。

十月四日

貞子、高、結城行。穴中にかにあり。

高、泊る。

火曜会、松平直平、村上、前田、青木、大河内、水野。

　直平子常務たることを承諾す。

教育会議第三回、午后まで続く。

母上来泊。

大工二人、土方一人。

山田春三、有地男の使として、政府は互選増員を提出せずと三島子より有地男に対する回答に付、感情を害し居る由。

十月五日

本行寺古川日雄に高松寺兼務の調印を為し送付。

村上男より荒井賢太郎氏研究会入会を承諾の電話あり。

みき、さく来邸。

庭のブランコを取り去る。石出つ。

大工二人、土方一人。

夜牧野様、井沢。

斎藤父の結城行の件、穴の中にむらさめ丸。

高はくさなぎの劔。

牧野様方魔全部払ひ。

十月六日

臨時教育会議総会、主査委員に小委案を托す。

夜、福松来邸、みきへ泊る。

大工、土方雨に付休。

十月七日

斎藤福松、高、結城行。

みき伝通院へ参拝に参る。

小川かめ子、邦英語復修の為め来邸。

牧野様、腹痛に付参られず。

結城横穴を掘る。日本武尊、素戔男皆魔を切る。

白蛇あり。天狗働く。日光山は鬼の下に家康あり。

筑波山に素戔男、日本武、天狗あり。

熊襲来り、むらさめ丸の刀は余の所持し居りし品なり。杉の木の下の地中の魔を払はざれば御箱は出でずと。宇受女は余の魔を切りしを怒り之を清むべしと。むらさめ丸は其はより水滴したゝる。

十月八日

常務委員会。

勅選其他と茶話会。

珍吉、平井□怜の為め結城へ参る。

からす沢山来る。斎藤の参に依り掘ると云ふ。

牧野様より小供及ひ山田ます来邸。
　雪こう箱を見す、少しく右に在り。
　母堂病気は蛇三百五十疋、弁天様。

十月九日

伯爵より研究会に交渉に来る。
　書面を以て内閣へ提出することに付調印、常務
　連名。
大東重善来邸。
木場貞長先生来邸。
大岡忠量子来邸、議員決議請求。
臨時国債五千円買入。
　千円券〇〇一六〇一―〇〇一六〇五

十月十日

研究会より新開来邸、首相に増員の請求書を提出
書類持参。
研究会に酒井、前田、青木子と会合。
豊本来邸。
夜、山田来邸、仁王様。
斎藤、高、結城行、来邸。

十月十一日

朝村上男訪問、昨日の各爵議員の件に付相談。
片桐の見舞に参る。
研究会にて青木子より、三島子より常務委員改選
に対し重任の件話しあり。

十月十二日

尚友会評議員会、京都行。
三島子より至急七星会を開き常務の件相話し度
し〔ママ〕旨交渉ありしも都合に依り拒絶。
松平直平子邸会合。
　前田、青木、水野（三島子来会）。

今朝十時半直平子、三島子と事務所に会見、牧野子引退して直平子の入幹を主張。

夜直平子、前田子、入江子を訪ふ。直平子は風邪の為め急に帰宅。

貞子宇多神（ヲホーゾ。土、蛇）を払ふ（山田）。勝生様（宝物上の剣のみの用意）。かには□の為め場所を変す。

十月十三日

学習院出身者、大河内、植村両氏欧州より帰京に付懇親会を築地精養軒に開く。欠席。

今朝、酒井、三島両子より電話にて常務の件。

新開の弟と青木、前田両子と精養軒に会食。

青木子、日本銀行に三島子を訪問。

夕、松平直平子方へ前田、青木、水野会合、青木子の日本銀行に於ける報告を聞取、以后受動的態度を取ること申合。


井沢方訪問、のみ買入、明日鑑〔ママ〕―結城行依頼。

十月十四日

酒井、青木両子会見、夜十時半まで。

結城行、井沢同行、福遅刻。

天逆鉾、草なぎ剣、発見。

斎藤、手力男命。

天理教、狐、池上の狸、やたからす、天狗。

斎藤夫婦、山内、井沢、久保さだ来邸。

十月十五日

博、仁王様、佐伯は信す。

豊本京助来邸。

夜、岩戸前。

龍の玉を被下。

君臣民仁義礼智信。

研究会常務員会。

拓殖会社に直平子を訪ふ。村上、前田、青木、水野。村上男に対し、直平、青木両子より報告、青木子昨夜酒井子と会見の件。

岡部子に対し前田子より旗挙の手紙を出せりと。

十月十六日

研究会にて酒井、青木、水野会談。

途中直平子入り来る、牧野子問題。

広岡氏を加島銀行に青木子と訪ひ利上事件に付。

青木子日本銀行に三島子を訪ふ。

夜みき、井沢、山田。

岩戸は幾分光を発す。

鯉釣、あみに付、貞子の腹部の病。

岡部子、直平子昨日会見、康民子も已に常務問題を知る。

十月十七日

青木、前田両子昼に来邸。

火曜会、大河内子邸。

青木、前田、水野、村上、直平。

夕、三島子来邸、炭代の残り金二十円持参。

牧野子事件に干し調印申込。

十月十八日

研究会常務委員会、有松氏を招き貴族院令改正の件及ひ衆議院選挙法に付交渉。

岡部子長文を三島子に寄せたるに付、三島子、岡部子を訪ひ、直平子を説得依頼。前田子、直平子と会見、此の事を聞き大に怒る。

学習院輔仁会。

夜、直平子より電話にて、岡部子は三島子の交渉に応ぜすと。

前田子六時三十分より酒井子を訪問、交渉。

十月十九日

酒井子より電話にて、昨夜前田子来邸、兼而の計企にして容れられざる節は、常務委員中三名は辞任す可しと。尚直平子、三島子の会見を要求、酒井子は三島子に電話を以て親友として牧野子に辞任を勧告す可きも、自分も来年四月には辞任す可しと。

今朝五時半着汽車にて南部様一同上京。

第六天より堀田伯方へ吾家の狐参り、貞子狐の為め用事を為し居るとのことなり。

貞子、直、番町へ参る。貞子南部様へ参る。

菊池家扶、不正の評判を承る。

十月二十日

宮中叙位式、正四位。

邦、成田地方へ遠足、一泊。

博、館林へ遠足。

朝、大鼠の霊来る。

貞子、牧野様へ参る。

岡部子、今朝牧野子と会見、辞任を勧告。

斎藤みき来邸。

村上男へ報告に参る。

十月二十一日

早朝、大河原可則子、永井勝茂来邸、片桐家の様子話しあり。大給園子様来邸、同様に付直参り、夕四時半、ふゆ子様大給家へ参らる。

大河内子邸会合、村上、水野。

　直平子に十分の尽力を依頼すること、勅選の代りには加太氏を推すこと。

伝通院にて貞子母上法会。

邦、遠足より帰る。

青木、酒井、前田三子京都へ出発、七時発。

十月二十二日
朝、工科大学に集る。直平、村上、大河内、水野。

昨夜、直平子、平田子と会見、三島子多分逗子に平田子を訪ひしならん、平田子は直平子に対し就任を勧告せり。昨夜の相談に基き村上男より三島子に対し、山田氏の代りに坂本氏を入るゝこと申出、直平子も賛成。

研究会常務会、坂本氏来り、教育、経済の話。

三島子より村上男に対し常務委員更代の件話あり。

村上男より山田氏辞任の申込。

大給左様来邸。

貞子、南部様へ参る。

松井、兵器株五十持参。

十月二十三日
朝より大給様へ参る。貞子は片桐より来邸。ふゆ子様の件、懐中の刀。

夜、山田、井沢来邸、大給、片桐方御払。

十月二十四日
番町へ集る、南部様、松平、岡部様、水野。

朝、村上男を訪ひ、青木子へ電報の件。

斎藤みき来邸。

番町にて撮影。

片桐方へ七本鎗を祀る。

牧野様、みき、井沢、山田。

諾冊二神、結城の守護となり岩戸開□近し。

青木子は来廿七日夕帰京の筈。

十月二十五日
仙石政固子逝去の報あり。

青木子より使にて金千九百五十円貸。

小石川西江戸川町九、黒沢勇来邸。

（大正敬神会幹事）

三島子来邸、岡部子より牧野子に対し忠告の件。

教育会議、小学教員国庫にて捧〔俸〕給支弁決議。

日高氏父君逝去に付、学校委員弔問。

南部様夫妻、松平進子様、みき、井沢来邸。

井沢鑑二郎、兵器会社株五〇持参、更に井沢に渡□名義書替。

ふゆ子様剣に巻き居る蛇の毒気一同眠る。

十月二十六日

牧野子廿四日夜、酒井子廿五日夜、京都発の報、直平子に来る。

前田、青木両子は福井へ参り帰京の筈。

大給様へ参る。ふゆ子様容態少々宜し。

貞子、南部様と共に第六天に招かる。

夜、村上男邸会合、直平、水野。

直平子より電話にて、二回三島子に面会、牧野子は已に帰京の筈、九分九厘出来得ると信すれども、万止むを得ざる節には相当に尽力を依頼。

廉子、植物御園に。

十月二十七日

教育会議、兵式体操の件及び高等学校増設の件。

主査委員となる。

前田、青木両子京都より帰京に付、東拓に会合。

松平、村上氏とも京都に於ては未た牧野子と相談の余地なかりし由。

十月二十八日

斎藤福松え、結城に参り剣の立ち居る地点を発掘す可き旨命す、五尺、七尺の大さ。

昨日より熊倉、吉里村を掘り、水出の為め中止せし由。

五郎、明日より片瀬に参る筈。

十月二十九日　雨

七星会（三会堂）、酒井、三島、青木、水野。
牧野子の引退を決議す。酒井子より申す筈。
常務委員会。
　兵式体操の件、村上男と相談。
東拓へ青木、村上、水野参り、直平子へ報告せり。
小泉こう来邸。
土方、富沢本日にて一度終る。
大給園子様来邸。
珍吉、宮内省へ参り、御門鑑を頂く。□□七五九、
夕一三八九。
牧野様夜来邸。
　天照皇太〔大〕神は二神に対し遠方より御守護。

十月三十日

岩下子来邸。
教育委員会、兵式体操。
酒井子より牧野子に対し常務退任勧告せしに承諾せし由。
貞子、片桐へ参り、愈々離別を決心せし由。

十月三十一日

結城行、斎藤同行、小便の件。
夜、牧野様来邸。

大正六年十一月一日

火曜会、東拓会社、六名。

　村上男より山田氏退任に付面目論あり。

午后九時より水野邸、同上方法。

教育会議、高等学校の件。

夜、牧野様来邸。

十一月二日

夜、大給園子様来邸、片桐より母上に対し離縁の請求に付陳述あり。

教育、兵式体操の件。

南部様、御小供ともに来邸。

十一月三日

直平子今朝山田氏訪問せしに、或る約束の為め今回は常務を引き得ずと。

前田子、三島子を訪問、之迄の経過及ひ山田氏の件承諾を求むる由。

大掃除。

花、発熱に付秀来診。

母上、片桐より鎌倉へ帰る。

火曜会、松平子邸会合（大河内子欠席）。

　明日直平子、三島子を蒲田に訪問する由。

十一月四日

結城へ参り、清水に面会、土方の争ひ件を聞く。

夜、村上男邸へ。大河内子と会し、更に水野邸に火曜会を集る。明日常務委員会の節三島子と交渉し、村上男と三島子と交渉せざることとす。

斎藤、高、帰浦。

十一月五日

七星会、三島子邸、山田氏退任を勧告。

夜、村上男を訪ひ報告。

常務委員会。

牧野様来邸。

結城水汲は象、井沢冠衣、一日の払。

十一月六日

朝。

青木、酒井両子、山田氏訪問、辞任勧告。

教育会議委員会、兵式体操決定。

南部様より富士見軒に招かる。

十一月七日

特許局家庭用品博覧会。

事務所、酒井、青木、前田、水野。

花月に会合、三島子の催、有楽座。

牧野様来邸、ふゆ子様不治。

日米協商発表。

十一月八日

常務委員会、交迭決定。

牧野、山田引退、直平、加太。

貞子、片桐、渡辺へ参り、直、大給様へ参る。ふゆ子様容態宜しからず。

青木子、日本銀行に於て小札を引換。

酒井子、加太君訪問、承諾を得。

築地三ツ橋、火曜会員会合。

松平、大河内、前田、青木、村上、水野。

五十銭、二十銭、新紙幣受取。

十一月九日

朝、大給家へ参る。三週間の期限なれども、栗本博士の診察を受く。尚引続き養生の旨申込相談。

片桐へ同上に付通知せり。

大河内子を大学に訪ひ、統一調和の必要を話す。

十一月十日
研究会元老会、常務委員相談決す。
山田、たかじ来邸。
単独講和号外。

十一月十一日
鎌倉祖先祭に付参拝、建長管長法要。
松岡寅男□来邸、面会、三宅氏候補。
牧野様、井沢、斎藤三人。
　岩戸開の処、井沢の大鬼の為め中止。
貞子、南部様より運動会へ参る。
博、運動会。
　人便鬼毒の酒。
　第一日本、第二独、第三米国あり。

十一月十二日
常務委員、坂本氏来邸、酒井子は東北旅行。
南部様帰国、貞子見送り。
村上男より三島子を援助に付相談あり。
夜、福松来邸、みき同伴帰宅。

十一月十三日
朝、大給家へ参る、ふゆ子様昨日来あばれ。
事務所に青木子と会見。
貞子、常盤〔ママ〕会へ参る。

十一月十四日
朝、ふゆ子様容態険しに付大給家へ参る。
村上男を訪ひ審査幹事の件相談。
青木子へ金四百五十円貸。
片桐へ貞子と共に参る、扇子形少〔小〕刀と書面。
三島子方七星会、候補者。

十一月十五日

青木子来邸、金五百四十円貸。
村上男来邸、部長、理事の件。
小森氏邸に福良と会見。
夜、牧野様、大給園子様来邸。
石田三成―狼―七本鎗。
竹野様守護神。

十一月十六日

青木、前田両子と事務所に会見、土方雄志の件。
夜、大給様へ参り、片桐方の蓄音器板差上。
橋本良哲来邸、神様の話、腹中の書物。

十一月十七日

朝、三島子邸会合、酒井、前田、青木、水野。
酒井子、青木子の夫婦干係及ひ前田子小供。
土方雄志を総選挙に出す件、康民子に内諾。
火曜会、全員。
審査部長及ひ幹事。

十一月十八日

渡辺医師来邸、大給様の件。
橋本良哲、字の神勅、武甕槌司之。
大河原来邸。
坂本謹吾来邸、北極の白熊。
斎藤父子、結城行。

十一月十九日

夜、三島子訪問、京都行の件話す。
松平康民子訪問、土方雄志の件、青木、前田、酒井、水野。
坂本謹吾来邸、熊襲。
たこ龍宮より干珠持参。

十一月二十日

今朝一時、井沢鑑二郎方類焼。
大給左様来邸、刀の箱依頼。
岩下子来邸。
珍吉、井沢方見舞。
みき帰る、たこ壺持参、栗橋へ。

十一月二十一日
〔記事なし〕

十一月二十二日
尚友会評議員会、五条子決定。
　前田、酒井、稲垣交渉委員。
勅選等懇親会、木場氏学制案。
大給家に参り、病院費内談。

十一月二十三日
橋本、坂本、斎藤結城行。

　穴の中水上に文字現はる。
牧野様夜来邸。
大給家へ参り、片桐方病院費用の件相談済。
　入用大給家持、片桐御礼。
片桐へ参り入院費の件内談。

十一月二十四日
鎌倉へ芙蓉子様の懐剣持参。
酒井、青木、前田京都行。五条子の件、見送。
大給園子様来邸、本日更に一本を病院にて発見せし由。ひる。
大給伯、家訓。
松岡寅男□来邸、三宅氏承諾。
貞子、昨夜北條高時の為め攻められ病気。

十一月二十五日
朝、珍吉、橋本来邸。

本日より二階を片桐神事に用ゆ。
斎藤、牧野、橋本、坂本、井沢。
　龍の火。

十一月二十六日

鈴木徳太郎来邸、研究会記事。
研究会口〔ママ〕演会。

十一月二十七日

朝、三島子来邸、金二百五十二円、蒲田。
寒気甚し。
片桐を大給家に伴ひ、ふゆ子様養生の件依頼。
夜、牧野様来邸。
　にゝぎの命、御現。

十一月二十八日

毛利元雄子来邸、関ヶ原の敵がい心、正親町天皇。
青木子来邸、京都の報告。
　金四百五十円渡。
夜、斎藤家扶、坂本、橋本。
　かるた。

十一月二十九日

区会議員二級、三宅氏投票。
予選会、五条為功当選。
尚友会懇親会、湖月。
常務委員会。
青木子、夜三島子を訪問、交渉委員の件相談。
　赫々霊威良位明
　徳光長任地中横
　有人識得真神意
　則是靖匡第一程

十一月三十日

五条為功子来邸。
榎本、坂本。□中の時。

大正六年十二月一日

三島子邸会合、酒井、青木、水野。
　交渉委員中の常務に牧野子を入るゝや。
白川資長子来邸。

十二月二日

廉子、片桐へ遊ひに参る。
福松夫婦、峻、坂本、橋本、忽必烈。
白川子を訪問して昨夜の御勅を渡す。

十二月三日

三島子、首相に招かる、予算の件。
常務委員会、三島子の報告を聞く。
夜、牧野様、坂本、榎本来邸。
　衆第二五、いゝ。

十二月四日

日本銀行に三島子を訪ひ、交渉委員の件に付ては
前田、青木、水野相談の上、青木子を総代として
出すこと。
火曜会。
　村上男、（さい）予算に干する意見。
貞子松屋へ買物、御次へ反物被下。
小泉こう、斎藤三人、橋本来邸。

十二月五日

工藤茂一郎来邸、坂本謹吾氏紹介。
教育会議、兵式体操の件、可決。
酒井、青木子とみどりや、交渉委員の件。
片桐来邸、大給様へ五十円持参。

十二月六日

大給左様来邸、片桐より五十円は三週間に対する
謝礼として。

前田、青木両氏と事務所に会合、交渉委員の件。
教育会議、小学校の件。
小泉こう来邸。
松井利札持参。
貞子昨夜より不快に付休。

十二月七日

日々新聞の福良虎雄来邸。
前田、青木両子、工科大学に大河内子訪問、村上
男に対する件に付。
教育会議、中学校の件。

十二月八日

大島陸軍大臣、予算干係に付招かる。
渋谷少佐の戦争講話あり。
調査会、高等普通教育委員付托、十五名。
朝、青木子と三島子訪問、交渉委員の件に付。

明日、前田、青木両子にて三島訪問、将来の相談点を付くる様になせり。
牧野様来邸、家康の書面。

十二月九日

貞子、廉子、博買物。
朝、岩下子来邸。

十二月十日

平田子研究会に来り、教育会議に付相談。
二階に於て村上男と大河内子との論。
坂本、牧野、斎藤、金仏様。

十二月十一日

十時、大河内子を大学に訪問、青木、前田。
（坪井より交渉の件、村上男件）
交詢社会合、教育会議の調和の件。
高木、鵜沢、加納〔嘉〕、木場、鎌田、水野、柴田、水野、有松、関。
白川子来邸、御宮を贈らる。
神様休。
青木子より返金利益。

十二月十二日

海軍大臣加藤大将、予算に干し、官邸に交渉委員。
青木子、本日内国通運の総会に於て監査役に就任。
小森雄介、高島中佐来邸、志津及び三条の刀を見す。

十二月十三日

牧野子、山田氏の為め花月に慰労会。
朝、酒井子訪問、教育会議延期に付依頼。

十二月十四日

安田善二郎氏支那より帰京に付、三河やに招かる。

朝、岡田文相来邸、教育会議に付。

日本銀行に会合、酒井、前田、青木、水野。

青木子と村上男訪問、内国通運重役の件。

常務委員会を臨時に開く。

　加太、酒井、青木、水野、前田、松平。

　教育会議の件は決議の延期を迫る筈。

青木子来邸、食事。

十二月十五日

前田子、平田子の招きに応し訪問、投票及ひ教育会議の件。

三島子、岡田文相と会見。

火曜会、東洋協会、全員出席。

事務所にて青木、前田両子と会見、青木子引退に付意見を陳ぶ。

十二月十六日

朝、木場貞長氏訪問、建議案提出の件。

酒井子、有松氏を昨夜訪問。

三島子訪問、酒井子同行、建議案の件。

牧野様、塩谷温氏等来邸。

塩谷氏、文字の件。

木場氏、高木男訪問。

十二月十七日

五条為功子より花月に招かる、評議員。

尚友会評議員会、交渉委員及ひ常務委員を決定す（来年の総選挙に対し）。発表は延期。

博、今暁二時、一時神話。

三島子、高木男を訪問する由。

木場氏と高師に加納〔嘉〕校長を訪ひ、建議案提出を議決す。

前田子、平田子を訪問し、夜十二時まで。

母上、再来泊。

十二月十八日

交詢社に教育会議の一部の者集り約束。

三島子、木場氏訪問、昨日加〔嘉〕納君との話を聞く。

井沢ふし来邸。

母上、鎌倉へ帰宅。

岡田文相、研究会員幹部を招く。

　小学教育費、高等学校。

十二月十九日

加納子より電話、昨夜高木、鵜沢、大津、柴田諸氏と会合、大学と共に議することとす。

三島子今朝、文相訪問、坂〔ママ〕谷男を訪ひ参らる。

木場氏、高木男を訪ふ。

大東健夫来邸。

貞子、牧野様へ参る、刀の件。

十二月二十日

火曜会、大学に於て昨日の木場氏の件報告（前田欠席）。

常務委員と木場、坂本、大河内会合、木場氏の件に付岡田大臣に忠告。

加〔嘉〕納氏に上野の汽車中にて面会。

　鵜沢案に付賛成を求めらる。

十二月二十一日

直平、酒井両子、岡田君を官邸に訪ひ学制の件相談。

岡田氏事務所に来り説明。

　村上男より犬猫の語、坂本氏より百姓の語あり。

木場氏、朝、加〔嘉〕納氏に面会、夜、高木氏に面会の筈。

塩谷氏、橋本来邸。

直平、酒井両子、有松氏を法制局に訪問。

十二月二十二日

予算内示会、出席。
小泉こう、みき、峻、牧野様来邸。
　伊勢の御使の馬。

十二月二十三日

前田、青木両子、茨城へ参る。
竹腰正巳子来邸、嫁の件。
帝大に大河内子訪問、昨日、村上男と談話の上、従来の誤解の様子聞取。
大給様へ参る。左様に面会、金五円御見舞。
斎藤峻来邸。
博、伊勢参宮、太陽、天津神。

十二月二十四日

木場氏より電話、大学令〔諮〕詢の件久保田男は同意の由。
三島子邸会合、酒井、青木、牧野、前田、水野。
貞子、浦和の斎藤方へ参る。
議長任命祝招待、築地精養軒。

十二月二十五日

議会召集。
青木、前田両子と末げんに参る。
貞子、博、峻、邦、廉子、結城行。
　三間半の品なり。
教育会議主査委員会、高中案可決。

十二月二十六日

各派交渉、常務委員の件。
邦成績の件に付、学習院へ参る。
岡田、木場両氏招待、花月。酒井、直平、青木、前田、水野。
井沢鑑二郎三百円貸。
牧野様来邸、博、結城の件と同し鏡、はな。
仙太郎歳暮に来邸。

十二月二十七日

開院式、欠席。
貞子、小森氏方へ参る。
事務所に歳費受取。
大河内子と火曜会の件に付相談。
青木、前田両子と岡田君の件相談。

十二月二十八日

研究会々費受取。
本会議常任委員。
貞子、常林寺へ参る。
夜、村上男、大河内子来邸、火曜会中より更に勅選団に加はりて調査を為す件相談。
青木子より兵器会社配当受取。

十二月二十九日

前田子と共に岡田文相訪問、大学令諮問の件に付相談。
峻を大東へ遣はす。
立花種忠来邸。

十二月三十日

小森氏来邸。
みき来邸。
三島子へ歳末。
松平乗長来邸。
邦、廉子と銀座及ひ神田に参る。
片桐、更に腫物出来、青鬼の角となる。
しま宅へ参る。

十二月三十一日

〔記事なし〕

〔随想録欄〕

月　修　算　英　漢　英

火　英　植　作　唱　算　体

水　漢　英　書　歴　図　体

木　国　算　英　植　地　体

金　英　算　漢　地　国

土　歴　英　算　国

大正七年

四月十九日

朝、岡部子、学習院。

一、三島子、和田豊治に面会、安田氏の礼を陳ぶ

福岡、大分は自分より談し得

一、藤堂男、小沢男に呼ばる

研究会、土曜会は代表小沢、山内、青山の三名、委員十九の増員は按分比例、人物本位とすること

一、日高氏より着の電報

協同会以外よりも出す、武井男主張

入江子方にて援助の件、前田子言ふ

四月廿日

杉渓子、明日青木子を訪ふ筈。

入江子、白鳥博士と会見済の由。

前田子、酒井子を訪ひ下岡の件話す。

前田子、平田子の古希祝。

藤堂男、青木子を訪ふ。

加藤泰秋子事務所にて青木子に会見。

新開、青木子を訪ひ金十五円被下。

三島子、大橋新太郎を訪ふ。

安田氏の為め仲買の集会。

井伊子より松前、戸田忠友を推す。

三島子、平田子を訪ふ。学習院の礼を陳ぶ。

三島子、首相を見舞。

○岡田文相、教員費の話。

安田氏より前田子へ電話にて、急に多額の名簿変更せし由。

四月廿一日

酒井子、下岡氏に面会、下話あり。

青木子、杉渓子と自邸に会見。

有松氏、昨日前田子に竹屋秘書官依頼。
研究会より協同会の幹事を出すこと。
入江子訪問。
御写真軍艦ボーイ決せり。
三好氏の言も用ひず。
入江子子息寄宿別寮。
信州の僧、急に社会主義となる。
先づ浜尾大夫説き、次に入江子。
大浦子と田の干係。
坪井承諾。
大浦子、波多野宮相に対し事実を非認せし為め平沼の手を受く。

四月廿二日

常務委員重任決す。
協同会幹事神田男如何。
土曜会の人数多し、真田男を減するも可。

四月廿三日

藤堂男来邸、藤井男、安藤男。神田男を幹事。
櫛笥子来邸、整理恩賜金。
前田子―山中中将、黒川幹太郎。

四月廿四日

秋元―康民、山田春三。
本局一七六九、中央生命重役室。

四月廿五日

大河内子を大学に訪ふ。
常林寺―福松の小供。
三島子と櫛笥の件。

四月廿六日

常務委員に付元老会。

酒井子、二万円の手形。
堀河子――十五万円、売立。
麻生氏、朝帰国。

四月廿七日

三島子へ、伯爵三名何人にても。
勘解由子上京、青木子と来邸。
明日、有松氏訪問。

四月廿八日

前田子邸、青木子と共に。
入江氏――下岡。

四月廿九日

安田氏、事務所に来る。
栗原幸八、失格。
志水賢太郎、七万三千。

水橋房之助（次位）。
中村万ノ助（成金□）。
小布施の婿に竹内（紙屋）。
大坂――桃谷。
和歌山　津村――桃谷の妻の兄。
福島　六人、橋本（丹羽子）。

五月一日

前田子より勘解由子に電報、岐阜の多額決定に付出張を依頼。

五月二日

牧野一成子来邸。
昨夜、米倉昌達子来邸。
事務所にて交渉委員六名会合。
三重　伊藤伝七、川喜田久太夫、堀内鶴雄。
埼玉　岡田、坂田。

　　高崎三重郎。
ヲキナワ　クシゲ。
ギフ　野々村久次郎。
番一三八二、大局町　三三。

五月二日

六人、事務所。選挙寄附金協定。
勘解由子、有松氏を訪ふ。

五月三日

○大坂　島（坪井、高崎）。
大村彦太郎、奥田。
京都　勘解由　毛利。
　　　　徳川。
渡辺甚吉の派
　野々村（岐阜）。
青山北町五ノ廿六　本間。

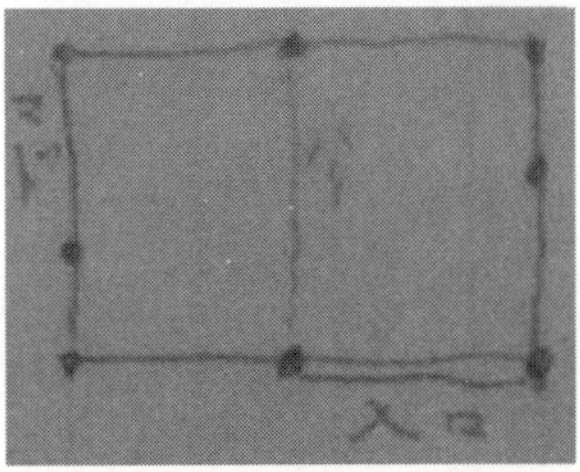

高さ一丈。

五月五日

三島子邸。

五月六日

日高氏へ電報。
秋月氏来会。
伊東子の使。
　　　　　—島
大坂　宮崎啓助
三重　川北
伊藤の勝の場合渋沢伝七。
山梨　大森慶次郎の兄、大森国平。
　猿橋停車場。
北都留郡役所長の松□之次、甲府に会

のある節に出会ふ。
北海道　箱ダテ　七人　クシロ一。
小樽　三人。
札幌　一人。
佐々木平一郎　代議士　清和会。
大分　木下謙次郎。
神奈川　大谷、原。
原富太郎。
埼玉　栃木　岐阜。
宮城（八木九兵衛）。
兵庫　辰馬。

五月七日

間部　―下郷
静岡　北川豊次郎。
福島　橋本万右ヱ門。
前田子―下岡。
京極子方へ西大路、櫛笥参る。

五月八日

四時、西大路、櫛司出発。
沖縄　ゴエツク　尚侯爵の妹婿。
護衛《ゴエク》得久
沖縄憲政会議員。
平尾、九票　内地転入。
大味久五郎（前知事）。
憲政会は内地人を候補。
鹿児島より三八の舟。
前々日の午后四時。
喜入休　―沖縄
小牧藤次郎／
○長尾元太郎　岐阜憲政会
児玉―岡部。

山内—九人　永久。

五月十二日

八時三十分発。

五月十三日

午后二時五十四、別府。

別府、中山旅館　高木男の紹介。

軍事工業動員。

政友会幹事　児玉。

伯爵三名。

静岡—宮崎喜久太郎。

北海道　相馬鉄平　86の勝。

岡部子、三島子訪間。

近衛公、同上。

鎌倉生—親戚。

服部新兵衛。

高木兼寛の手紙。

大谷—神奈川、三島子。

道口—児玉。

ギフ—三島子、毛利。

大坂府　児玉、宮崎啓助。

伯爵　身を以て。

大村—小早川。

五月十四日

三島子、伊丹—岸本。

康民子を訪ふ、費用。

三重は川北。

秋月帰京。

和歌山　津村、坂本氏。

木場　政友会。
山梨　木場。
福井　山田、坂本この内。
新潟　佐藤は□□の政友会。
宮城　川井黿。
愛媛―勝。
静岡―岡田。
山形　最上郡。

緒明、大家、高柳、逓信省。
　大坂
阿部市二郎、二女　本郷へ□□。
油小路伯より養子。
杉渓男のイトコ。

上大崎四一六　火薬庫前。

前田子不在中。

五月十二日　水曜日

○大浦子事務所より電話、
一、鳥取の石谷は其友人より、鎌倉に来り相談すとの話なり
一、愛媛、熊本は直接の干係なし、下岡、安達と相談せん、両人とも目下奈良に出張中熊本も前任者幸倶楽部なる故、如何かと思はる
一、秋田に付ては無干係
○青木子、水野へ高崎、新庄両氏来邸、茨城の選挙の様子、報知せらる。
○前田子留守宅へ富山の佐藤友右ヱ門より申すは、面にて混雑中、御出御免。
○山田三良氏より前田子宛書面にて、九月まで入会返事御断り。

○午后事務所に参る。
○青木子は通運会社。
○西大路子礼に来邸。
○前田子より電報、富山の田中入会届受取。
○松平直平子より島の弟は十四日頃上京。
○小笠原勁一子報告、昨夜帰京。
本人は哲学の研究等へも用意深し。入会の希望あることは言語に現はる。

弟、国平に面会し談す。

之より各派を研究し官報に発表後、態度を定む。

祝電を喜ぶ。

八代村に帰省中更に本人に面会せしに、ユル〳〵考へ返事せし。

十日会場に向ふ時に、土曜会の者より猛烈にカンユウせらる。之れ貴族院議員として如何かと思はる、侮恥《〔ママ〕》せられたる様に思はる。


研究会は礼儀を重せられたるに付ては感謝す。

入会に就ては今日調印を欲せず、官報の発表の時を待つべし。

若尾謹之助に面会。

余に話しなして他に入会出来ざる間柄なり。安心せよ。只時を要すべし。
○山梨二年交代の由、上京の度々に話しするが可。
○小笠原子熊本行の件、富永。
○櫛笥子本日午後沖縄出発、電報来る。
○木場博士来会。
○前田子より電報。
酒井子の電宜しからず。
明後日金沢に行く。
広島市鉄砲町五十一　前田利乗。
木場氏
島―大久保―木場博士。

秋田の実業家に今夜木場博士面会。

五月十三日

大分成清―板倉勝門。
三浦数平（市長）。
書面を出せり。
前田子夫人電話、大分の阿部徳太郎よりの来状。
天田、和田豊治。
山本達雄の内に話せ。
神山邦治、青木子へ電話。
群馬は政友会の援助にて交友会入会。
□□は此度に骨折らず。
鹿子木氏より三島子の勧誘状を依頼。
間部、青木子訪問。
矢口は緒方よりすゝめらる。
入会書の提出は見合せられたし。
一ヶ月間温泉に参る。

奈良の山田は下郷君も話す。伊丹、大村へも書状依頼。
今朝酒井子帰京。
松平直平子来会。
西大路子来会。多勢の件大味氏と相談の上。未た手懸りなし。
中山喜兵衛上京の由。
伊東子より報告、坂本、木場両子に依頼。
○藤堂男来会。
一、男爵会にて反省の件
一、村上男会館にて山内男より□となせり

五月十四日

○木場氏より電話。
中山氏上京の件に付床次氏訪問、交友会入会を可とする由。
信濃や又は森田館。

○牧野子　徳島　西村善右ヱ門。
荒井氏、山田、木本氏投票を妨げす、有権者の面前にて申せり。
島―福本に話せり。
定次郎上京の節は荒井氏を訪問せん。
山内長人男に面会、二人は協定にてすること。
　伊東子へ中山入会の電報来る。
○木場氏に対し小笠原面会の今夜なし。
○今城氏と共に荒井氏に面会し、島の件を依頼せり。
○神戸の勝田は更に大蔵大臣より申すこと。
○秋月子帰京来会。
○前田子より書面、広島送金の件。
○牧野子へ十六日頃、三木与七〔吉〕郎へ会見を依頼。
○酒井子、小沢男を訪ひ男爵の件談せり。
○前田子より横山入会の電報来る。
○伊東、小笠原両子、木場氏を赤坂の倶楽部に訪ひ中山の件話す。

五月十五日

広岡来邸。
池田子帰京報告、石谷の様子。
実吉の電話
○今城子、島へアイサツ。
○小笠原子、今井へ別に行くこととす。
○前田子より、山田入会出来手続を勧む由。

五月十六日

日曜日、休。

五月十七日

○中山拒絶　三島子〔よ〕り手紙。

○三木上京―池田、牧野。
○費用受取。
○福島氏より山田入会の手続済むとの電報。
○北海道相馬は幸倶楽部に入る由通知。
○広島より前田子来電。
○沖縄入会済、櫛笥子。
　廿日前后　松山市三番町　和田純。
　廿二、三日　津市中茶屋町　岸本康通。

五月十八日

八条子昨夜帰京、報告。
勘解由子報告。

五月十九日

三島子、三木氏に面会。
未た確答を得ず、決心のみなり。
前田子の依頼により、酒井子より鍋島子に対し伊丹氏入会勧告状を送付の件。
櫛笥子より沖縄預り。

五月廿日

西大路子牧野子を訪ひ、更に事務所に来る。多勢行。
山田の報告、榎本子。
　栗山藤作。岡橋清左ヱ門。
板倉子の成清来会。
柳沢光邦棄権。
青木子、三木訪問。

五月廿一日　教育会議

○池田子、三木に面会。交友、土曜には断る。
○西大路子、清浦子の紹介にて長谷川盛内に面会の筈。

五月廿二日　教育会議

○板倉子は遊山半分なる故断る。

東京、福岡、高知、

三名、静岡、石川、福井、

沖縄、栃木、徳島、

鳥取、京都、神戸、山梨、

愛媛、奈良、長野、

大阪、三重、山口、広島。

五月廿三日

黒川西村両男の件、山内男より通知。

山川　分離に賛　名称。

柳沢　具体的理由。

田所　男子の院長。

若し統一の必要生すへきや、院長は訓育の理由のみ。

十五日

七百七十六　女子生。

専修科の状況。

男子の学ぶ学校か学習院なりと院長の説明は理由少し乏し。

華族女子校時代の御上の行啓の様子を牧野男陳ぶ。

華族に対する訓育上の精神。

教務の統一。

質素、本分。

五月十九日　米国に回答

列国の共同作戦の為めならず。

米国の用意したる時ならざる可からず。

帝国の自衛上なれば何人にも相談なく立つべし。

「セイコン以て考慮す」

○ホッシユ将軍のベルサユー会議に提議せる出兵

が本なり。
○出来得る限り出兵を避くべしとの考なり。
○五月三十日、又提案あり、英仏伊か日本と共同して四国にて米国に泣付かんとすと。
政府は前日のことを繰返せり（六月十九日と同様）。
○后英国ても米に交渉せしも米は応ぜず。
○七月十日　突然米国より日本に出兵交渉あり、七千、チクの援助。
政府は之れに裏面□□□。
之れ迄の主張上米国か回転の動機なし、之を機会に米国は大発展の考なり。
之には日本は承諾するか可なり。
チェツクを五十万米国にて募り出兵の米国の考（二百万人米国にあり）。
ウラジヲのナイト将軍大将はチエクは常に保護ウラジヲに一万五千人
其間にある四万五千人
合計六万人
チ、は独墺に反対し独立国になることを仏国より認められ居るなり。
日英の舟にて米に送り、建国に一万五千人を送らんと。
独墺の捕リヨの為め四万五千人はさえぎらる。
過激派からの軍需品を西方にはこぶこととなる。
仏国より之か援助の交渉あり（四日）に返事せり。
武器を貸せしことを米国及ひ列国に通知せり。
米国よりも武器を渡すことを申出せり。
之れか為め共同セン言したし。
一、たすけり
二、日数
三、軍は政治上の関係なしに（チ）をたすくること
此の目的を達せし時は止むる

Rは日本出兵と云ふこと気受け宜しからず。

　七千にて同時を要す。

○政府は考へさるべからず。

○共同のこと。

○解散のこと（目的を達する時）。

之には同意し得ず、chは敵を有す（独墺のホリヨ及び過激派）。

若し手を束ねて、其意をほしいまゝにさせる可か〔ら〕す。

故に同意と共に政府の主張を達せさる可からず。

「世人は出兵の為め内閣の政策に供する故米国に同意し七千に限る様に致し度しと」。

若し同意せば接壊地を取り得ず。

米とchと連合か危険なり。

故に同意と同時に Sibe に出兵せんとす。

両方の出兵手段はUと Halbin との間は今日交通シヤダンなり。

ホルワツトか通さず。

故に日本兵力にてホルワツトをとを〔衍字〕chと和解せしめんとす。

又従来 Sibe は米国か占領し居る故、日本も占領せさるべからず。

之を定め米国に答へんとす。

「世論は之を是として自衛運動をし Sibe を日本かとらんとするに非るか」。

大体は米のみに非す、Uの外に出兵せんとの考は外交会にも認められたり。

然し独の東漸はそれほどのことなし、又過激派も大動して敵対す可からずとて Sibe の危険の状況は一日に分明ならず。

○六十万の独墺のホリヨあり。

タウベジルレル少将か軍政ソシキを為す。

日本より二師団を出せばザバイカルまでの治安を保ち得。

香コン一大隊、
天津へ二中隊を英国の出す。
河村
チ、を助くるならば他と独の敵とするなり。
答　チのみ□□□后へ□が残し。
鉄道
　スチーブン三〔ママ〕間人。
米国より来る停車場に三十人位づゝあり。
Uに一万五千の材料あり。
米国式に運致させん。
　一師団―一万
　一師団―一万
　　漸々に増加。
領事会議　　一大隊
守備
返事は米国よりとる。

二師
日本出兵の要求　出兵論
一、一九一七、十月二日
　ホツジユ将軍
　　十二月十日
二、英政府提携
連合国の露国に対する根本方針未定なりとの説にて、英のバルホワはRは地理学上の意味にて中立国又は敵国とは見す、Rを友人とするに過ぎすと
　　二月六日
三、仏政府亦提議
根本方針をさだめよ
外相話あり、若し出兵せば此の如くすべしと
四、米国より出兵には異議なきも、出兵せは過激派を独乙に連合せしむる様になる（右は突然書面来る）

故に三月十九日に返事せり。

外交調査会にて此の外相の言に付議論せり。

帝国政府の態度を定む。

一致及ひ承諾、且其場合には考へたる上出兵なり。

然し十中八九は拒む意味に非ず、是れ自衛的の時は此限に非ず。

四月廿八日

Sibe の事情悪くなる。

英米とも過激派に通して利権を得ることを望む。

米国より提案して日本にて出兵の場合に大部隊を出す時、米国の兵を参加せしむるや否や。

五月三十日

珍田は外相より日本を主力とする出兵を英米仏より申せし時は承諾するや。

　此の時凡て条件可せるとて前の通り申せり。

Sibe に独立自治の出来ることは日本は賛成。

六月七日　Belsau〔ママ〕会議

日本と共に米国にせまりたしと。

日本は之を避けたり。

以后米国に大に出兵の議を英米仏等より迫れり。

七月八日に米国か提議し十日に来り。

○英仏単独の決行は如何にして生ぜしや。
十二日にUにchの連絡維持の為め米国出兵の議を申し来れり。

十四日　仏国か二中隊出兵を申し来れり。

十四日　珍田大使より電報あり。

連合交渉に付混雑せる折にchか出動す。

chを利用せんと英仏米は種々考へ、其考へか異る筈なり。chを米国に送り西方戦維持し行かれか〔衍字〕す。

先月中頃までにchの米国に移送の中止を申し来る。

米国より五十万のchを Sibe に出すとの報あり。
米の中佐かchを戦はせるの報告を日本に得たり。
米と仏との争ひあり。
一、米の出兵　米の抵触なり
二、七千の兵
米国は一万五千と他の四万五千のchを皆合併して用ゆ。
米国―△
日本―△○
鉄道は通知しばなしになさんと欲せり。
全面拒絶せり、絶対に動かさる様なり。2000哩一万五千の兵にては保護し得ず。
イルクツクに独の本部あり。
揚所―Ｓｉｂ鉄道沿線。
鉄道沿線をやればＲ人は安心す、独は驚く。
○欧州出兵に付て距離日本の意見に従ふと云ふことを英国は宣言せり時、共同宣言を為し后に争ひ起すよりも単独宣言か可なり。
英国の入るよりも意志の疎通せしものか単独にて為したる方宜しからずや。
○占有は単独又共同何れにても可なり。
○政府―兵力あれば可能。

八月廿六日

政府の物価殊に米価調節に干する借〔措〕置は好結果を見さりしうらみあり。
就ては、
一、物価調節に干する根本政策を樹立すること
二、米の配給併に米価調節の応急策に付いては速かに実際に適切なる方法を構すること
一、前田子、万般の総覧
一、青木子、尚友会幹事、部長の任期長し

青木子の金運
一、新設会社〔ママ〕（直平子常務会にて陳述
一、青木子の成金生活
一、精米会社
一、大河内子の排斥
○直平子は井上子理事の為めに訪問せしに非ずして村上男の排斥を論し、直平子と村上男との提携を主張。
直平子は大河内子を部長とし、大河内子と連合したしと説けり。
○近日勅選の会合。
○前田、青木両子の連合にてやる、勅選と結ひ現内閣反対。
○原は何かの干係にて研究会と結ひたし。
○榎本子村上男を訪ふ。
三部の理事

○水野留任の希望。

十一月十八日

久保田、岡部、平田、・
頼倫、穂積、徳川、
酒井、南岩倉
（久保田）
華族の教育は評ギ会が司る可きこと、主となること。
（平田子）
十三年前よりの件。
（穂積）
評ギ会の内話の節に考へたり。
学習院へ参観せり、寮に参りし節真偽は云はず、不快に感せり。
両院の上に華族にて爵と家格の高き者立つべし。
答申の整〔ママ〕案は尤もなり。

○内容に干し平田子の案あり。
院長の主旨の大学の不可なるを平田子より院長に
申せり。
院長は前説を翻すと云ふ。
宮内大臣も同意せり。
○八年中学、高等とすること。
（院長の案はつぶれる）
（徳育は余裕）
大学科は学ふことは可。
　学術の研究よりも徳育を主とせよ。
（智徳体の三光）
　　（頼倫侯）
　　　副申
卒業生は宮内官、貴族院ギ員の資格。
家廷〔庭〕との連絡。

他校に転する者に相当の設□注意。
院長、教員か華族の様子を知らさる故華族の教員
を入れよ。
寮の改善。
ジョー費を省くこと。
教師の採用免職。
主管教員。

徳川公自ら築地に廿六日。
会館に四時に集る。
入学試験の時女子部へ半数の士平民。
　　評ギ会で報告
　　　教員の任免。
マツソン、シヲン
安武直夫警保局事務官

大正八年十二月十六日
学習院御用掛被仰付
三月廿六日　被免
九年一月廿九日
両陛下より喪中御尋として御菓子折を賜
大正八年十一月十二日
臨時教育委員会委員被免

北豊島郡高田村字高田一一三七
本局三一三〇
内国通運重役

本局一七六九（中央）
□□
一五四六
三七八四

【解説】水野直と大正前期の研究会

愛知淑徳大学教授　西尾林太郎
霞会館非常勤嘱託員　松田　好史

本書は、大正期に研究会の領袖として活躍した貴族院議員水野直《なおし》の、大正五、六年の日記と同七年の懐中手帳翻刻、収録したものである。

一　水野直について

水野直は明治十二年（一八七九）一月、旧新宮藩主男爵水野忠幹の五男として東京に生まれ、旧結城藩主子爵水野忠愛の養子となった。明治三十五年に子爵水野忠敬の三女貞子と結婚し、嗣子勝邦を筆頭に三男二女に恵まれている。

水野は学習院高等科から東京帝国大学法科大学に進み明治三十六年卒業、翌三十七年の貴族院有爵議員総改選では、二十五歳の若さで子爵互選議員に選出されている（以後、死去までに通算四期当選）。四十二年四月に子爵議員の選挙団体たる尚友会の幹事となり、折から生じていた尚友会と子爵談話会の抗争において談話会切崩しの先頭に立った（談話会は翌年四月に分裂、四十四年七月の総改選で壊滅的敗北を喫して解散する）。

その後、大正五年（一九一六）四月に初めて研究会常務委員となり大正八年まで務めた。大正九年に一度議員を辞職したが同十一年の補欠選挙で復帰し、同年に発生した男爵議員の抗争では、伯子男三爵を網羅した一大会派の形成を企図し、親研究会派の親和会に移籍して同会を援助、後に同会所属の男爵議員と共に研究会に合流した。また、大正十四年八月に初めて貴族院から政務官が採られた際、水野は陸軍政務次官として政府に入り、研究会と政府の協力関係を強化している。昭和二年（一九二七）一月の三党首合意（諒闇中の政争を自粛する）は水野の働きかけにより実現したものである。

第一次若槻内閣の退陣に伴い昭和二年四月政務次官を辞職、翌年丹毒と心臓病を発症した水野は、昭和四年四月三十日、五十歳の若さで薨去した。

水野は院外においては、教育調査会会員（大正二年、後身の臨時教育会議、臨時教育委員会を含め大正八年まで在任）、や学習院評議員（大正七～九年）、同御用掛（大正八～九年）等、教育関係の審議会にも委員として注力している。

二　水野直の史料について

水野直の関係文書は昭和五十九年、嗣子勝邦氏により国立国会図書館憲政資料室に寄贈され、公開されている。同文書の総点数は二二七点で、明治三十四、五、大正五、六、十〜十二年の日記、明治四十二〜三年の「尚友会幹事日誌」、明治三十年から大正十五年にかけての懐中手帳（途中欠あり）、伊藤博文、西園寺公望等からの書翰計十三通、それに委員として参画した教育調査会、臨時教育会議、評議員等として関係した学習院に関するまとまった量の書類が含まれている。

日記のうち、大正十一、十二年のものが伊藤隆・西尾林太郎編「水野直日記―大正十一・十二年―」（『社会科学研究』三四 - 六、一九八三年）として、また「尚友会幹事日誌」が尚友倶楽部編『貴族院子爵議員選挙の内争』（尚友倶楽部、一九八六年）の附録として活字化されている。

また、追悼録として『水野直子を語る』（結城温故会、一九三〇年。二〇〇六年尚友ブックレット第一九号として復刊）が、伝記として川辺真蔵『大乗乃政治家水野直』（水野勝邦、一九四一年）がある。

三　減債基金還元問題―大正五年―

ここからは、本書に収録した大正五・六年の日記の概要を見ていくことにしたい。

大正五年春の第三七議会において焦点となったのは、減債基金還元問題である。日露戦争の戦費調達のため発行した外債を償却する目的で設立された減債基金は、年額五千万円を積立てることが規定されていたが、実際には財政難のため年額三千万円とし、二千万円は鉄道公債等に充てられていた。しかし、第一次大戦下の好景気で国家財政が好転したので、減債基金の額を本来の五千万円に戻すべきとの論が貴族院等から起り、第二次大隈内閣との間で対立が生じたものである。

水野日記では、一月一五日の「研究会大蔵部会、市来、神野両局長の説明あり、追加予算に関し三千八百万円募債と還元法との説明」なる記事がこの問題が登場する最初で、二〇日を過ぎると常務委員会（研究会の幹部会で、当時の顔触れは、酒井忠亮、堀河護麿、美馬儀一郎〈以上大正三年改選〉、岡部長職、牧野忠篤、三島弥太郎、山田春三（勅選）〈以上大正四年改選〉の七名で、三島が最高実力者と目されていた）や部会で再々話題となっている。研究会は、茶話会と無所属派の連合会派たる幸倶楽部（茶話会の田健治郎と無所属派の仲小路廉が還元派の急先鋒であった）と歩調を合わせ、「凡て強硬の態度」（補遺、一月二一日）で大隈内閣に迫る筈であった。

ところが、一月三一日に「幸倶楽部交渉として有地、田、浅田、高木の四名来邸」し、研究会の常務委員との間で意思確認がなされたところ、「田を除く外皆軟説に付常務委員驚き」、翌日、交渉に欠席していた三島を交えて常務委員会を開いた結果、「幸倶楽部交渉委員の態度」を「元因」として、「還元に対し更に軟説一致」した。

幸倶楽部側で唯一強硬論を吐いた田の日記を見ると、有地品之允、江木千之、高木兼寛、浅田徳則、仁尾惟茂の五人が「内閣に内応し、基金復活問題に関し輿論に反して政府案に賛成せんと企てたる之跡漸く顕は」れ（一月三一日）、研究会側との会談でも、「有地、高木、浅田三氏及び山田氏（政府党也）互に盛に軟説を唱」えたとある（『田健治郎日記』三）。田は五人の軟化を「内閣に内応」したものと見ているが、その背景には官僚系の大御所たる山県有朋と、彼の片腕で幸倶楽部の領袖たる平田東助の意向

があった。山県は、

大隈伯辞任の意あることは既に伯自身の口より三回之を聞きたるを以て、若し現下の情勢に於て同伯の退隠を条件とし予算成立の見込ありとせば、恐くは此間に処すべきの方法無きにあらずと、議会後の退陣を条件に事態の収拾を図ることを考慮しており、平田も「感情問題を含む」のでことは簡単ではないが、「若し大隈首相にして退隠すとのことならば、自ら感情の融和を来たし解決の望なきにしもあらざるべし」と観測していた（『大正初期山県有朋談話筆記』）。

二月二日、山県は田を招いて「上院体面保存の範囲に於て適宜妥協の方法を講じ、以て切に国家政機運用の妙機を保たんことを願ふ」と説き、また「岡部子に対し軟説を迫」っている。

幸倶楽部と山県の態度を見て「軟説一致」した研究会は、三日に常務委員会（水野等も同席した）を開いて「還元の趣旨に基きたる法律案」を準備し、岡部が一木喜徳郎内相（彼は山県・平田の系統に属している）を訪問して協議した。その後、五日の研究会、幸倶楽部の総会を経て、二月八日、予算総会で附帯決議付ながら予算案が可決され、還元問題はここに決着を見た。曽て研究会の領袖であった清浦奎吾が組閣に失敗した大正三年政変（清浦のライバルの平田の妨害があったと一部で噂された）以来、研究会と幸倶楽部の「幸研体制」は昔日の如くではなくなっていたとされるが、還元問題の最終過程からは幸倶楽部とその背後にある山県系に振り回される研究会の姿が見出だされる。

なお、大隈は容易には辞表を提出せず、退陣を迫る山県との間で神経戦を繰り広げつつ、一〇月に至るまで半年にわたって政権を維持するのである。その大隈に対し水野は好感を持っていなかったらしく、本日記では何ヶ所か「大猥」という悪意を含んだ表記が見られる。

四　常務委員への道──大正五年──

ところで、幸倶楽部軟化の衝撃を受け、還元問題で研究会が「軟論」に急旋回しつつあった二月二日、前田利定、榎本武憲、小松謙次郎、村上敬次郎、青木信光、水野の六名が常務委員に先立って三島邸を訪問し、何事かを協議している。

彼等は常務委員につぐ研究会の準幹部で、岡部が安政元年（一八五四）、三島が慶応三年（一八六七）生まれであるのに対し、前田は七年、水野は一二年（明治二年生まれの青木は三年生まれの牧野・酒井と同世代）と年少であった。この大正五年から六年にかけては、水野、前田、青木が同盟を結んで幹部の若返りを図り、三島主導体制の足許を掘り崩して行く準備期と見なされている。

水野等の最初の目標は、四月に予定されていた常務委員の改選において橋頭堡を確保することであった。彼等は手始めに、「村上男を三河屋へ招待」し、「常務委員に小松君を推選せざる事を決定」した（三月四日）。続いて翌日には水野が来邸した酒井に「常務委員は加太氏として小松氏を入れざる件、青木子予算副委員長の件」を話している。小松への反対は、同じ勅選議員で小松より一一歳年長の村上への配慮であろう。更に九日には、「前田子更に〔松田註、松平〕直平子を訪ひ、常務委員に付酒井子を退かしめ、山田氏を再任の件」を話した。子爵議員のうち酒井を更迭の対象とし、その跡に若手を送り込む計画であったことが知られる。松平は一四日に三島を訪問して「酒井子の常務委員を辞任せしむること」を話したが、三島は「常務留任を主張」した。他方、水野は前田に対し、永く研究会の領袖であった入江為守（東宮侍従長）を訪問することを勧めている。

一八日に酒井が水野に対し、「常務委員辞任に付賛成を乞ふ旨」及び「後任には直平、青木両子の由」を持ちかけた。水野等の要求に折れた形である。青木は三月四日の時点では予算副委員長と目されていたが、ここでは常務委員の候補にも上っている。

ところが、三月下旬になると情勢が変化して来るのである。二十四日、村上が三島へ申入れる案件として、「酒井子辞任の理由」「三島子退任如何及び其后の処置」と共に「岡部子転任の件」が浮上した。この月、枢密顧問官の高島鞆之助と北垣国道が相次いで死去したため、岡部が後任に擬されたのである（四月八日発令）。枢密顧問官と貴族院議員は兼任できないので、岡部が枢密院へ転任すれば常務委員に欠員が生ずることになり、若手が参入する余地が拡大したのである。

三月三十一日、前田と水野が交々松平直平を訪問して「握手の約束を為し」、翌四月一日には「松平直平子邸会合」において「前田、青木、水野同盟」が確認された。続いて七日には、水野、青木、前田立ち会いの下で「直平子と村上氏と会見」し、一一日にこのグループの秘密会合たる「火曜会」（右の五名に大河内正敏が加わる）の第一回会合が開かれている。青木と松平は堀田正養が研究会の領袖であった頃の幹部であったが、堀田の失脚後は三島主導の下で冷遇されていた。

他方で、三島、酒井等主流派は、休止されていた「七星会」（顔触れは三島、酒井、牧野、青木、水野の五名である）を二月から再開しているが、これは青木、水野の取込みを図ったものであろう。四月十二日には「三元老会議」が開かれ（うち二人は岡部、三島であるが、もう一人は不明）、「青木、前田、水野入り、堀河留任」の方針が打ち出された。更に十四日の三島邸会合では、常務委員を二名増加して九名とすることが決定された。水野等三名を加えるために定員を拡大することとしたのである。

結局、四月二九日の研究会総会において、「七名中三名病気」等を名目に、三島の発議によって常務委員増員が決定され、三島、酒井、牧野、堀河、山田、美馬（以上留任）、水野、青木、前田（以上新任）の九名が選出された。退任は岡部一名のみで、酒井は留任し、加太は選出されていない。増員により、水野等を加えるに当って酒井を外す必要がなくなったのである。なお、これに先立ち、水野、青木、前田の三人は「将来尚更結合を強固にすることを約」している（二二日）。

水野等の次の一手は、男爵（研究会には男爵位を有する一二名の議員（互選一〇、勅選二）が所属していた）の中から常務委員を出すことと、常務委員から牧野を除外して松平直平を入れることであった。前者については、六月四日に村上が男爵者の総代として三島を訪問し、「男爵中より常務委員を出す事」を要求している。また、後者に関しては、七月一一日の火曜会において、

今秋の政治界、常務委員に対して一致協力して村上男、直平子の為め運動する事の約束をなす。又火曜会の決議は如何なる事情あるも変更せざる事に約束す

と決議しており、その布石として子爵議員の選挙団体たる尚友会の幹事や政府の衆議院議員選挙法改正調査会委員、教科用図書調査会委員等を適宜配分することを目指した。

尚友会幹事については榎本を幹事から評議員に移すことを計画し（六月一五日に榎本が「幹事室にて酒呑」したことが更迭の口実とされた）、五辻治仲を後任候補に挙げた三島を押し切って伊東祐弘を就けることに成功した（六月二六日）。また、選挙法改正調査委員（新設）には青木が榎本等と共に就任している。教科用図書調査委員は従来牧野が務めていたが、三島が後任に前田を推し、前田と青木が譲り合った末、前田が就任した。六月一四日の三島との遣り取りの記事には、「教科書委員前田子、牧野子と代ること。牧野子常務辞任の前提か」とあるが、四月一〇日の水野—村上会談で「予算委員長、副委員長、幹事は常任委員を兼任せざれば効力なきこと」との説が見えるように、常任委員が各種委員を兼任することで各種委員が研究会の意思を代表すると共に、常務委員による権力の寡占を担保する手段としていたのである。従って、常務委員を辞めさせるためには事前に各種委員の兼任を解除させておく方が好都合なのであった。

その後、八月二九日の火曜会集会で、

> 常務委員の半数改選に付ては、年長者たる故を以て青木子今秋満期とする件は村上男の発意にて何人も譲らざる事とす。尚改選は直平、村上両子〔氏〕の為め極力奔走すること

と、秋の人事異動に向けた方針が決定されたが、三島は「常務委員重任の希望」を持っており（一〇月五日）、一一月六日に行われた常務委員改選の投票では、任期満了を迎えていた青木、三島、牧野、山田の四人全員が再選された。かくして松平、村上の常務委員会入りは翌年へ持ち越しとなったのである。

なお、右の八月二九日の火曜会の席上、水野は、「池袋信仰の件に付注意」を受けた。この頃水野は

神道系の新興宗教である池袋の「天然社」に傾倒していた。同社の「先生」こと岸本某は翌々日に警察に召喚され、後に裁判沙汰になっているので、深入りしない様に注意を受けたのであろう。水野は、岸本とその信者熊倉某に示唆されて結城城跡で埋蔵金の発掘を続けている（こちらについても一〇月二八日に火曜会の同志から注意を受けた）ほか、翌六年には大本教に関心を示して綾部の本部に二回参拝し、秋山真之から「書面にて綾部の不可なる所以を示」され警告を受けている（七月二日）。

五　研究会幹部の角逐—大正六年—

大正五年秋の改選で村上の常務委員入りが成らなかったので、大正六年における火曜会にとっては、四月の改選でこれを実現することが当面の目標となった。

まず、一月三〇日の水野—前田会談で、「直平子は常務委員樋口子を推す件を承知し、此度は村上男のみ推選の可なる事を申せり」との記事が現われ、四月の改選では村上、松平の常務委員就任を同時に狙うことは避け、村上を優先する方針が打ち出されている。樋口誠康は慶応元年生でやや年長であるが、水野等と関係が近かったのであろうか。また、同日には青木を除く五名が集まり、「三島子を今夜直平子訪問して四月改選に村上男、掘河子と交代の件を話す筈」と、常務委員交代の標的は堀河とする案が披露されている。

松平の三島訪問の結果は、翌三一日の臨時火曜会で報告された。その結果は、

一、常務委員中水野を除く外皆円満
一、四月改選は掘河、樋口と代ること
一、多額と懇親会は可
一、村上男入らば山田春三は辞任

というもので、三島は常務委員の「円満」を強調しつつも、堀河の退任と樋口への交代は容認した様である。「水野を除く外」というのが、水野以外は「円満」な人物なので更迭の必要がないという趣旨なのか、あるいは水野が常務委員会の「円満」を乱しているという不満なのかは判然としないが、いずれにせよ三島が水野を問題児扱いしているらしいことが窺われる。「村上男入らば山田春三は辞任」というのは、村上と山田の両立が難しいという指摘であるが、村上の常務就任自体への賛否は不明である。

なお、「多額と懇親会は可」とは、一月二九日に水野が大河内、前田と個別会談し、「多額と懇親」を話している件である。火曜会側の意図は研究会内の多数派工作として、多額納税議員の抱き込みを図ろうということであろうが、三島としても、「懇親」という名分自体は否定しがたかったのであろう。

以後も松平と大河内が主となって有力者への働きかけを続け、二月二日には岡部長職が「村上男常務の件賛成」し、三月一二日には酒井も「堀河子常務を止め自分も辞すとも可なりと」表明した。四月一一日の七星会で三島は「常務委員重任の希望」を述べ、「研究会は子爵のみにて可なりとの話」まで飛び出したが、男爵の代表者を常務委員会に入れるべきだとの説には抗しがたい状況になっていた。

これに対し、三島等は藤堂高成を「男爵代表者」として逆提案した。一三日に「安藤男三島子と会見、小早川、藤堂両男を推選」し、翌日には酒井と三島が水野を訪問して、「常務委員男爵代表者藤堂男を出すこと」を主張している。男爵の代表者は入れるが村上には反対するという線での反撃を図ったのであろう。しかし、一六日の「男爵議員会合相談」で「村上男を常務に推選の件を決議し、安藤男総代として三島子を訪問」し申入れた。その結果、一九日に至って、「三島子邸会合、青木子より村上男に交渉し、応ぜざる時は同男を常務委員とすること」と、三島も村上の常務を容認するに至ったのである。

そして、二四日に水野と青木が村上と「常務委員の件に付相談」し、常務委員会を経て七星会で「青木子より村上男訪問の結果報告。終に同男を常務とする件」の相談が成った。最終的には三島による村上訪問（五月一日）と四日の研究会元老会で「美馬、堀河退き木本、村上入る」決定がなされたのであった。

大正五年末に招集された第三八議会は翌六年一月二五日に寺内内閣の手によって解散された。選挙後には特別議会が開かれ追加予算（大正六年度予算は解散によって不成立となり、大正五年度予算が踏襲されていた）が審議されるので、予算委員長の選任が必要となる。

解散前の一月中旬の時点では、予算委員長に有地品之允（無所属派）、副委員長には常務委員会では酒井、牧野、青木の名が挙げられていた（一月一五及び一八日）。選挙後の五月には一時、三島予算委員長説が取り沙汰されたが（五月八日の七星会でこの件につき「平田子、康民子に三島子交渉する由」とある）立消えとなり、六月七日の段階では、「江木〔千之〕氏、浅田〔徳則〕氏、酒井、牧野両子の中より推選」という状況となっていた。

一方、火曜会は六月六日に「青木子を予算委員長とするの件」を話し合い、一〇日には前田が幸倶楽部の領袖平田東助に対し「予算委員長に青木子を推選する件」を交渉する旨を水野に伝えている。更に、一六日に前田、一七日に松平、一九日には前田、水野、村上が三島と会談し、交々青木を予算委員長に推した。ところが、三島は酒井を推選し、「副委員長を両子の間で出すこと」が話し合われたが決裂した。この間、前田、青木と酒井の間で感情の齟齬が生じ、前田が「〔酒井に〕服従せざることを言明」したり、青木が「酒井子と到底共同し得ざる理由を述」べたりする事態となったが、結局三島の仲裁により「三島子邸に青木、酒井両子会合」し、「副委員長を青木子引受けに決」した（二一日）。火曜会側の強硬態度に三島、酒井が押切られた形である。二三日には松平が平田に面会し、「予算委員長に浅田氏、副委員長に青木子を推選し、若し酒井、牧野両子を推さば研究会は分裂す可し」との「忠告」で駄目を押している。

火曜会グループの人事戦略の仕上げは、六年春の改選で見送った松平直平の常務委員会入りであった。九月一三日に前田が入江を訪問し、「今秋常務委員改選の件に付、山田、牧野両子退任して、直平、坂本両氏を入るゝ件を申出」た。「坂本」は春の改選前後に火曜会の面々と頻繁に連絡を取合っていた勅選議員の阪本釤之助であろう。二三日にも水野、前田、青木の三名が会合して、「直平子を奮発せしめ常務とすること」を話し合い、一〇月四日には火曜会の席上で常務就任を松平に承諾させている。

一一日に三島から青木に対して「常務委員改選に対し重任の件話しあり」、三島は前回、前々回と同様この時も常務の現状維持を希望したのであるが、翌日にはこれを拒否する形で松平が三島に会い、自らの常務入りと牧野の引退を主張している。その後も青木が三島、酒井と会談する一方、前田が入江、岡部ら長老と接触していたが、三島が岡部に松平説得を依頼したこと（岡部は断った）に「大に怒」った前田が酒井に直談判し、「兼而の計企にして容れられざる節は、常務委員中三名は辞任す可しと」正面から迫った。これに押された酒井は、「三島子に電話を以て、親友として牧野子に辞任を勧告す可きも、自分も来年四月には辞任す可し」と答えたという。

岡部は二〇日に牧野と会って辞任を勧告した。二一日には平田が松平と会見して常務就任を勧告し、翌日には村上から三島へ「山田氏辞任の申込」をしている。三島は二五日に水野を訪問した際、「岡部子より牧野子に対し忠告の件」を話しているので、この頃には牧野の重任を諦めていたらしい。結局、二九日の七星会（牧野は欠席）で「牧野子の引退を決議」し、翌日「酒井子より牧野子に対し常務退任勧告せしに承諾」して牧野から松平への交代は決着が付いた。

他方、山田は一一月三日に松平の訪問を受けた際、「或る約束の為め今回は常務を引き得ず」と退任を拒否したが、火曜会側から三島に交渉した結果、五日の七星会で「山田氏退任を勧告」することとなり、翌日青木と酒井がこれを実行した。その結果、八日の常務委員会において、「牧野、山田引退、直平、加太」の就任が決定されたのである。山田の後任については、一〇月二一日の大河内、村上、水野の会合で「勅選の代りには加太氏を推すこと」を話している一方、翌日この三人が松平と会った際には「昨夜の相談に基き村上男より三島子に対し山田氏の代りに坂本氏を入るゝことを申出、直平子も賛成」とあるので、この前後に何等かの事情で阪本から加太に差し替えたものかと思われるが、理由は判然としない。加太は五年四月の改選の際にも常務委員候補に挙げられており、火曜会側に親和的な位置にあった様である。

さて、大正五、六年において水野等火曜会と三島等主流派による暗闘の末、研究会常務委員会の顔触れは一大変動を来した。その変遷を纏めると次の表の様になる。

表　研究会常務委員の変遷（「↓」は非改選）

～大正五年四月	五年四月～	五年一一月～	六年五月～	六年一一月～
三島弥太郎	↓	三島弥太郎	↓	三島弥太郎
牧野忠篤	↓	牧野忠篤	↓	松平直平
岡部長職	青木信光	青木信光	↓	青木信光
山田春三	↓	山田春三	↓	加太邦憲
酒井忠亮	酒井忠亮	↓	酒井忠亮	↓
堀河護麿	堀河護麿	↓	村上敬次郎	↓
美馬儀一郎	美馬儀一郎	↓	木本源吉	↓
	前田利定	↓	前田利定	↓
	水野　直	↓	水野　直	↓

水野、青木、前田、村上、松平と火曜会の会員が陸続と常務委員会入りしてその過半数を占めたほか、多額の美馬、勅選の山田もそれぞれ木本と加太に代り、五年春以前からの委員は三島と酒井を残すのみとなった。八年三月に三島が死去した後、水野、青木、前田が研究会の主導権を握る下地は、この二年の間に既に形成されていたのである。

六年一二月に入ると水野の活動のかなりの部分を占めることになるのが、九月に委員に就任した臨時教育会議である。これは文部省に設置されていた教育調査会を、委員の顔触れはそのままに内閣に所管換えしたものであるが(この再編が同年夏頃かなり問題になったことも本日記から知られる)、水野は文部省出身で研究会所属勅選議員の木場貞長や東京高等師範学校長の嘉納治五郎等と頻繁に接触していることが窺われる。もっとも、水野と教育問題の関わりについてに本日記から知り得るのは一部分のみであり、詳細は「水野直関係文書」書類編(中野実氏により一部の史料紹介がなされている)を参照することが必要となろう。

(以上松田)

六　大正七年貴族院多額納税者議員選挙

大正七(一九一八)年の懐中手帳に記載されている日記としての内容は、①同年七月に実施された貴族院多額納税者議員選挙と当選者すなわち議員就任予定者(議員任命は同年一〇月)の研究会取り込み活動に関するものがその大半を占めている。その他はちょっとしたメモと②シベリア出兵に関するものである。①から始めよう。

そもそも多額納税者議員とは何か。

多額納税者議員とは、貴族院令（明治二二年勅令第一一号）第六条に言う「各府県ニ於テ土地或ハ工業商業ニ付多額ノ直接国税ヲ納ムル十五人ノ内ヨリ一人ヲ選出シ其選ニ当リ勅任セラレタル者」である。そして、その任期は七年であった。今回の選挙は明治二三年七月に実施された第一回通常選挙から数えて五回目で、大正七年六月一〇日に各道府県の中央庁舎において、各知事を管理者として実施された。第五回のこの選挙は、新たに北海道と沖縄県でも実施され、政友会など政党勢力が関与するであろうとして、『大阪朝日』や『東京日日』、『時事新報』等有力紙は五月から六月にかけて「多額議員互選形勢」を道府県別（すなわち各選挙区別に）に詳細に報じている。

さて、大正七年六月一一日付『時事新報』のコラム欄「無差別」によれば、第五回多額納税者議員選挙（大正七年六月実施）には「余程妙な現象」が見られたという。それは研究会をはじめとする貴族院の諸会派が「頭数の権衡がどうの斯うのと騒ぎ立て予め長者候補に手を廻して奪い合いをした形跡があったという。「無差別」は続けていう、「有爵者の所謂士百姓、素町人も斯うなれば大持て、歴々の名を署して『貴下御当選の暁は是非共我団体に御加入相願ひ度貴下にして御加盟相成候はば我団体の光栄不過之』といった意味の手紙が大分飛ばされた」、と。はたしてどうであろうか。

残念ながら、一部の例外を除けば、現時点で貴族院の各会派が第五回多額納税者議員選挙に対してとった態度について明らかにする史料は、右にあげたような新聞以外には見当たらない。その例外が今回紹介する水野直の大正七年懐中手帳による「日記」である。七年前の選挙あたりから、研究会や茶話会など各会派は貴族院での主導権の確保のため、多額納税者議員にたいしても入会勧誘競争が熾烈になり始めていた。明治憲法体制下の政治が二院制による議会政治を基軸とする限り、衆議院と同様貴族院においても、皇族議員を除いた議員たちによる会派間の多数獲得競争は必然的である。それ故、有力会派による多額納税者議員獲得競争の実態を知ることは貴族院研究さらに帝国議会史研究にとって重要である。その意味では、この「日記」は極めて貴重なのである。なお、以下における日記の引用部分について、特に断らない場合はいずれも大正七年である。

そもそも、研究会のこの選挙への対応の開始は前年の九月に遡る。すなわち、大正六年九月二三日、常務委員の青木信光と前田利定とが同じく水野直邸を訪問し、三者会談がもたれた。彼らは前年の第三九議会終了直後より六名のメンバーから成る「火曜会」を結成し、研究会の主導権把握を目指して、ほぼ定期的に会合を開いていた。その火曜会の中核がこの三名で、この日の会談では、来る一一月の常務委員の半数改選とともに、翌年の多額納税者議員選挙についても話し合われ、「多額議員は前田子主任」(大正六年九月二三日の条)と決まった。さらに数日後、水野は青木に対しても「多額議員に対する件」の「主任として奔走を依頼」(同九月二六日の条)したのである。こうして研究会は前年の秋より、青木と前田が中心となり翌年の多額納税者議員の選挙とその獲得活動が開始された。そして、それは翌年の四月から五月にかけてピークを迎えつつあった。もっとも、懐中日記の記述によれば、研究会の運営にあたる九名の常務委員の大半が、今回の多額納税者議員選挙に関わっていた。常務委員が東京と地方とに分かれ、手分けして種々の選挙活動をしたようであるが、その分担について詳しいことは分からない。ただ、常務委員の中心であった三島は病気のこともあってか、青木信光、水野直らと共に東京におり、少なくとも松平直平、酒井忠亮、そして前田利定が地方に出掛けた。この時、前田は北陸、近畿、中国の各府県を巡回したが、直接前田からまたは前田の留守宅経由で伝達される情報を「前田子不在中」と、日々のメモとは別立てで水野は手帳に記入している。

「前田氏不在中」は五月一二日から始まっている。この日の前半の記述から次のことがわかる。

研究会は、二ヶ月後に迫った子爵議員の選挙に出馬を希望する大浦兼一に対し、多額納税者議員選挙当選予定者に当選を条件に研究会への入会を勧誘するように働きかけている。大浦は、旧薩摩藩士で山県系官僚として著名な大浦兼武（もと農商務相、内相）の長男である。この時、大浦兼一がどのような官歴の持主か定かではないが、研究会としてはその父親（この時点では存命、大正七年一〇月死去）を介しての人的ネットワークに注目したものと思われる。

ここで言う「鳥取の石谷」とは、この鳥取県におけるこの選挙で一三票を得て当選することになる、石谷伝四郎のことである。鎌倉のどの人物に相談するのかは不明であるが、結局彼は山県―桂系のもと官僚の勅選議員中心の会派・茶話会に属することになった。愛媛、熊本両県ともに、その当選者は『東京日日』によれば憲政会系であったが、憲政会の有力者である下岡忠治や安達謙蔵と大浦は相談するという。大浦は彼等を通じて、両県における当選者に対し研究会入会を働きかけようというのであろうか。

ちなみに、水野の懐中手帳の五月七日の条に「前田子―下岡」とある。前田は山県―桂系の官僚であった衆議院議員の下岡と、この時すでに連絡をとっていたのであろうか。なお愛媛県の当選予定者・岡本栄吉はその後、研究会に入会したが、熊本県の当選者・富永猿雄はその前任者と同じ会派のメンバーとなった。すなわち富永は幸倶楽部というグループの一つである、上記の茶話会に属することになった。

この日、常務委員・青木信光は水野に対し、茨城県の高崎三重郎らが来邸し選挙の状況について報告を受けた、と語っている。茨城県の選挙は激戦で、高橋と竹内権兵衛とは同点であった。結局、先にもふれた「互選規則」第二〇条の規定によって年長者である竹内が当選することになる。高橋は青木に助力を求めに来たのであろうか。

ところで「山田三良氏」とあるが、山田は東京帝国大学法学部教授で国際私法を専攻する学者（後年、京城帝国大学総長、日本学士院長）であり、奈良県高市郡の出身である。奈良県の前回の選挙の当選者は研究会所属の木本源吉であり、木本の後継者と目される人物をいち早く研究会に加入させようとして、前田はこのころから、第五回選挙の当選者となる山田純精に働きかけたのであろう。山田三良は純精の弟であった。山田家当主の弟としてかかる事態＝当選予定者の青田刈りに反発した、法学者山田三良は当選の公示の「九月まで入会」の意思表示を控えるべきであると前田に抗議したものと思われる。この時、下岡や安達がちょうど奈良にいたわけだが、この〈事件〉と彼らの関係は不明である。下岡は桂系の内務官僚で、東京帝国大学法科大学では山田三良の一年先輩である。このふたりが今回の選挙について話合った可能性はないわけではない。

さて、この山田の手紙に研究会側は少なからず動揺したようである。翌一三日、水野は「奈良の山田は下郷よりも話す。伊丹、大村へも書状依頼」と日記に記している。近江財界の指導者のひとりであり、関西財界の重鎮とも言うべき下郷伝平から研究会入りを勧誘したのである。下郷は第一回の滋賀県多額納税者議員選挙の当選者であり、研究会会員でもあった。また、「伊丹、大村」は伊丹弥太郎（佐賀県）、大村彦太郎（京都府）のことであり、共に第五回多額納税者議員選挙での当選予定者であった。研究会側は彼等についても早急に加入の意思表示を求めたものと思われる。

しかし、かかる山田三良の行為に対し動揺したのは研究会ばかりではなかった。地元奈良県でも動揺が走った。水野はさらにその翌日の一四日に「荒井氏、山田。木本氏、投票を妨けす、有権者の面前にて申せり」と日記に記している。もと大蔵官僚である研究会所属の勅選議員・荒井賢太郎をおそらく山田三良に接触させようとしたのであろう。他方、現在多額納税者議員として議席をもつ木本は、奈良県の有権者に対し、「投票を妨けす」と、自らの、さらには研究会のこの選挙への影響力行使を中止する旨を発言せざるを得なかったのであろう。

他方、投票の二ヶ月前の時点で、富山県の選挙で当選することになっている田中清文は、研究会への「入会書」を前田に提出したとの、前田からの電報を水野は受取っている。また松平直平についだが、この松平は研究会の常務委員であり、この時大阪に滞在していたのであろう。大阪選挙区において当選の見込が高かった島定治郎の弟が一四日に上京することを水野らに知らせて来たのである。研究会側は、その弟を通して、島の研究会入会について働きかけをしようとしたのであろうか。

さて、この日記中に子爵西大路吉光がお礼のため水野邸を訪れたとある。何のお礼か不明であるが、この時、西大路は子爵櫛笥《くしげ》隆督と共に、今回初めて多額納税議員者選挙が実施される沖縄を担当していた。五月八日に、このふたりは沖縄に向けて出発している。

西大路と櫛笥とは共に明治四四年の子爵議員選挙で当選した研究会員である。そして共に四条家の一門である。二人の共通点は以上であり、彼等がなぜ沖縄を担当したのか、不明である。それはともかく、大正三年六月から大正五年四月まで沖縄県知事を勤めた大味久五郎が研究会の沖縄対策に関与したことは確かである。ちなみに、西大路は五月一三日にも研究会事務所に水野を訪ね「多勢の件大味氏と相談の上、未た手懸りなし」（五月一三日の条）と述べている。この「多勢」とは、山形県での当選予定者・多勢亀五郎であろう。それにしても、五月八日の時点で、水野は平尾喜三郎が九票を確保したことを知っていたのである。二ヶ月後、平尾は実際に九票を得て、次点南崎豊吉・二票に圧勝する。南崎が憲政会系であるか、さらに内地人であるかは判然としないが、当選したのは九票を獲得した平尾である。西大路より数日遅れて一二日午後、櫛笥は沖縄を離れたらしいが、五月一七日には「沖縄入会済」と研究会に報告している。

五月一二日の日記の後半部分の前半は山梨県の選挙区についての記述である。この選挙区を担当したのは、もと越前勝山藩主家の当主である子爵小笠原勁一であった。彼は山梨県まで出向いている。「十日会場に向かふ」とあるが、何の会場であろうか。新潟県では、当票に先立つ二ヶ月前に「有権者会」なるものが設定されたが、それに類するものであろうか。大森はその会場に向う時に土曜会から猛烈に入会を勧誘されたようである。当時土曜会の会員は、研究会員百余名に対し、三〇名前後でしかなく、明治期の帝国議会において反藩閥政府に肉薄した往時の勢いはなかった。勧誘もそれだけ熱心かつ猛烈であったようである。しかしながら大森は当選内定に対する研究会からの祝電には感謝しながらも、九月の官報登載による正式な当選を待って調印することを望む、として入会について即答を避けた。こうした大森の姿勢に対し、さらに七年後に実施される第六回の選挙の当選者である若尾謹之助は、研究会以外の会派に大森が入るのであれば事前に自分に相談がある筈である、と小笠原に述べたという。それにしても、山梨県では一五名の有権者間に二年交代についての合意があったのであろうか。しかし、結局大森は任期一杯勤めて若尾に〈交替〉した。

ところで、この日、木場貞長が研究会事務所に現れた。木場はもと文部官僚であり、明治四二年に勅選議員となったが、しばらくして研究会に入った。「島―大久保―木場博士」とあるから、大阪の島定治郎の入会の勧誘にも動いたのであろうか。さらに彼が秋田の実業家に会うということは秋田県の選挙区対策にも関わったのであろう。また、木場は、鹿児島県の当選予定者の入会の勧誘にも奔走していた。同県では中山嘉兵衛が当選と内定していた。研究会は中山が上京するという情報に接するや勅選議員の坂本釤之助と木場に入会の勧誘を以来している。なぜこのふたりがあてられたか不明である。

五月一四日、水野は木場よりの電話で「中山氏上京の件に付床次氏訪問、交友会入会を可とする由」(五月一四日の条)との報告を受けた。木場は鹿児島県出身の政友会所属の衆議院議員・床次竹二郎(元内務次官)に中山の入会勧誘について相談した所、研究会でなく、政友会系の勅選議員中心の会派・交友倶楽部が適当であるとの答であった。大正二年に官僚出身者として政友会に入党し、原総裁の下で実力をつけて来た床次は貴族院での政友会系勢力の拡大を考えたのであろう。結局、中山は研究会入りを拒否し、交友倶楽部に属することとなった。五月一七日に、三島に手紙を出し、入会を断っている。水野はその日の日記の冒頭に「中山拒絶　三島子に手紙」と書きとめている。

さて、この頃「水野日記」によれば貴族院は各会派による〈青田刈り〉はピークを迎えていた。五月一四日、水野は今城定政（子爵）と共に研究会の勅選議員・荒井賢太郎（元大蔵官僚）に「面会し、島の件の依頼」をしている。そして翌一五日には今城が「島へあいさつ」（五月一五日の条）をしている。ここで言う島とは大阪府の島定治郎のことである。他方、山梨県を担当していた小笠原頸一は長野県における当選予定者である今井五介に接触をはかっていた。また、これより前、水野は徳島にいる子爵・牧野忠篤（越後長岡藩主家当主）に対し、一六日頃、三木与吉郎へ会見を依頼している。一七日、牧野の「会見」が効を奏したのか、徳島県の当選予定者である三木が上京した。この時、池田政時（子爵、備中国生坂藩主家当主）もまた、牧野とともに三木への応接を担当した。そして一九日に三島が、翌二〇日には青木がそれぞれ三木と「面会」ないしは「訪問」している。その結果、五月二一日に池田が三木にあった折、三木は「交友、土曜会断る」（五月二一日の条）旨を表明するに至った。三木には交友倶楽部、土曜会からも入会の勧誘があったのである。しかし一方で栃木県の当選予定者である矢口長右衛門のように、入会を「諸方よりすすめら」れているので、「入会書の提出を見合せられたし」（五月一三日の条）と、これ以上本人に入会の勧誘をしても無駄であるかのような意見が研究会事務所にもたらされている。

なお、今回、研究会では四名の再選者を出した。東京の安田善三郎、広島の二階堂三郎左衛門、高知の竹村与右門、福岡の麻生太吉の四名である。この四名のうち、水野の日記に比較的よく出てくるのは安田である。安田とは安田善次郎の女婿であり、安田財閥の中核でそのグループ企業の持株会社である合名会社保善社の副社長であった。彼は大正三年二月に実施された補欠選挙で当選し、今また再選を目指していた。投票日が五〇日後となった時点で、研究会の三島は、財界の大物であり、富士ガス紡績社長・和田豊治と面会し、安田について礼を述べている。「三島子和田豊治に面会安田氏の礼を陳ぶ。福岡、大分は自分より談し得」(四月一九日の条)。和田は大分の中津出身であり、大分県とは深いつながりがあった。また博多を中心とした福岡県の財界ともつながりがあった。「福岡、大分は自分より談し得」とはおそらく和田が三島に語ったものであろうし、そうであるなら、和田は研究会のために一肌脱ぐつもりでいたのである。ともあれ、三島が和田に対し、安田について礼を述べたのは、おそらく和田が東京府選出の議員について安田の一本化のため奔走した、あるいは奔走する意思があることを意味するのであろう。

ともあれ、これで安田の再選について見通しが立ったとみえて、その翌日、水野らは「安田氏の為め仲間内の集会」(四月二〇日の条)を開いたのである。彼はさらに、有権者名簿に変更があったことについても、四月二九日に研究会事務所で水野らに説明している。各道府県庁では有権者名簿の閲覧を一定期間認めることになっているが、その際異議が申し立てられ、知事がそれを認めたことによるのであろう。

広島の二階堂に対しては常務委員の前田利定が応援に出向いている。前田は新潟から金沢を回り、広島に入った。運動資金に不足をきたしたのか、彼は研究会本部に手紙を出し送金を依頼したり（五月一四日の条）、電報で何事かを報告している（五月一七日の条）。高知の竹村、福岡の麻生については、麻生「帰国」が一ヶ所あるだけで、彼等についてふれた記事はない。

さて、五月二二日の水野の日記に次のような記述がある。

東京、福岡、高知
三名、静岡、石川、福井
沖縄、栃木、徳島
鳥取、京都、神戸、山梨
愛媛、奈良、長野
大阪、三重、山口、広島

「三名」は意味不明であるが、全体が府県名であることを考えると、「神戸」は兵庫県を意味するであろう。おそらく上記は五月二二日現在における、当選予定者の研究会入会見込表である。水野の見込は四七選挙区中二〇議席を確保できる筈であった。しかし、このうち、第四一議会開会すなわち大正七年一二月の時点で、栃木（矢口）、鳥取（石谷）、兵庫（勝田銀次郎）は茶話会に、山梨（大森）は土曜会に、三重（伊藤伝七）、山口（藤本閑作）は交友倶楽部に、大阪（島）は無所属に、それぞれ入会した。京都府（大村）はどこにも加入しない純無所属であった。要するに水野の、そして研究会の見込二〇の内、研究会に入会したのは一三にとどまった。水野たち研究会側の見込違いもあるだろうが、選挙後もなお、いや選挙前以上に、当選者の激烈な争奪が会派間で繰り広げられたのであろう。ちなみに、大正七年一二月に招集された第四一議会における研究会の多額納税者議員の数は一五を数えた。

七　シベリア出兵

大正七年の懐中日記の真ん中あたりに五月一九日の記述が二ヶ所あるが、一つは先ほどからの多額納税者議員就任予定者の獲得に関する内容である。他の一つは「米国に回答」で始まるシベリア出兵関係のものである。後者についてであるが、「米国に回答」から始まり、四月二八日、一一月七日と続く。また、日付も相前後する部分もある。なぜ、ここにシベリア出兵なのか、その理由は定かではない。また、この日記の内容は日本の出兵に向けた政策決定について新たな事実を明らかにするものではないと思われる。彼がここに記した情報をどこでどのようにして入手したかは不明であるが、貴族院議員として知識人として、水野がこの出兵に大いに関心を持っていたことは確かである。

言うまでもなく、寺内内閣の下で行われたシベリア出兵は、巨額な国費を投じ、大正七（一九一八）年八月から同一一年一〇月の約四年間にわたったが、いたずらにロシア国民と国際社会の不信を買っただけで、得るものは何もなかった。その間、ニコライエフスク（尼港）の日本人居留民・日本将兵が抗日パルチザンに包囲され七〇〇名（推定）が惨殺された、いわゆる尼港事件が起きたことは余りにも有名である。

以下に述べるように、この出兵はロシア革命後、陸軍を中心に検討され、国際的にはイギリス・フランスによって日米両国に要請されたものであったが、アメリカは終始反対してきた。ところが、ある時からアメリカは「限定的」ながら出兵に賛成するようになった。多くの人々がヨーロッパの戦争の帰趨に大きな関心を持つ中で、水野という一貴族院議員がこの出兵をどのように捉えたかは大いに興味深いところである。この部分を読み込むにあたり、シベリア出兵に関する知識は不可欠である。以下、シベリア出兵について簡単に述べ、日記を読む一助としたい。

なお、日記に出てくる、「チエツク」・「チク」「ch」（czech）はチェク・スロバキア（軍）、「珍田」は珍田捨巳駐英大使、「ホルワツト」は反ボルシェビキ政権をシベリアに作ろうとしたロシアのホルヴァート中東鉄道（東清鉄道）長官である。「Sibe」はシベリア、「U」はウラジオストック、「R」はロシアを指す。

日米共同によるシベリア出兵のそもそもの目的は、ロシア領内に孤立したチェク・スロバキア軍（以下、チェク・スロバキアをチェクと略記）の救出であった。アメリカはイギリス・フランスの出兵要請に対し、当初それを拒んでいたが、一九一八年（大正七）七月、それを受け入れ日本に共同出兵を要請してきた。ではなぜ、大戦終了後、ロシア領内にチェク軍がいたのか。

チェク人およびスロバキア人は多年に渡りオーストリア・ハンガリー帝国の支配下に置かれていたが、

第一次世界大戦の勃発は彼らにとってその圧政から逃れられる好機でもあった。彼らは戦争勃発によってオーストリア軍に動員され、東部戦線に配置されたが、チェク人部隊にはロシア軍に投降する兵士が続出した。そして、このロシア軍に投降し捕虜となった兵士を中心にチェク軍団が組織され、彼らはウクライナを中心に東部戦線においてドイツやオーストリア軍と対峙したのである。

一九一七年、ロシアに一〇月革命が勃発し、ボルシェビキ政権が成立した。同政権は一二月にドイツとの間に休戦協定を結び、翌年三月ブレスト・リトルフスク条約が締結され、連合国側の東部戦線が崩壊するに至った。この時、パリのチェク国民評議会はフランス政府との間に数万のチェク軍をフランスに移送してフランス軍の指揮下に置き、西部戦線の戦闘に従事させるとの協定を成立させた。一九一八年三月、ソビエト人民委員会議はシベリア経由でチェク軍のフランスへの移動を承認し、さらにチェク国民評議会とソビエト民族人民委員スターリンとの間で、自衛のための武器携帯を認めた上でチェク軍をウラジオストックに移動させるとの協定が取り結ばれた。この協定は直ちに実行に移されたが、シベリア方面ではチェク軍の移動が反ボルシェビキ勢力を利するのではないかと危惧するボルシェビキが多く、チェク軍の移動は少なからず困難に遭遇した。こうした中、ヨーロッパからシベリアへの入り口チェリアビンスクで、移動が出来ず苛立っていたチェク軍の一部とドイツ兵捕虜との死傷事件（チェリアビンスク事件）が発生したが、この事件を機にソビエト中央は方針を転換し、五月二五日、シベリアをはじめ各地の地方ソビエトに対しチェク軍の武装解除を指示した。この後、武装解除を迫る地方ソビエトと抵抗するチェク軍との間に武力衝突が頻発したが、チェク軍はチェリアビンスクやオムスクを始めシベリア鉄道の各都市を占領するに至り、こうした都市では反ボルシェビキ政権が誕生した。こうして、事態はチェク軍とボルシェビキ軍との全面衝突へと発展しつつあった。

これより前、連合国、特にイギリス・フランスはドイツによる西部戦線への圧力を緩和するため、東部戦線の再建を考え、両国は日本およびアメリカに対し、兵力の一部をシベリアに投入するよう働きかけた。日記の五月一九日の条の最初の方に「ホツシユ将軍のベルサユー会議に提議せる出兵が本なり」とあるが、まずフランスがそれを提起した。

一九一七（大正六）年一二月、パリ・ベルサイユでの連合国最高軍事会議で、フランス参謀総長フォッシュは反革命勢力への補給ルートを確保するため、日米が出兵しシベリア鉄道を確保すべきことを提案した。一九一八（大正七）年一月、イギリスはウラジオストックにおける軍事的拠点と軍事物資の確保のため、日米に出兵を提案してきたが、日米ともに容れるところではなかったし、連合国によるシベリア鉄道の確保を日米に働きかけたが、アメリカが反対した。しかし、アメリカは前年（一九一七）夏、シベリア・中東鉄道の管理のため鉄道専門家スティーヴァンスを中心とする技術使節団をシベリアに送っていた（日記に出てくる「スチーブン」はこのスティーヴァンスのことであろう）。さらにフランスはハルビンとイルクーツクへの派兵についてアメリカの協力を打診したが、アメリカはこれを拒絶した。水野は日記に「ch を利用せんと英仏米は種々考へ、其考へか異なる筈なり」（一一月七日の条）と記しているが、正しくその通りであった。

このようなイギリス・フランスの動きについて寺内内閣が設置した外交調査会でも話題になったが、

寺内内閣の事実上の与党政友会の総裁原敬や薩派の牧野伸顕（第一次西園寺内閣文相）は対米協調の理念の下、シベリアへの出兵には反対した。ところが、翌月本野一郎外相はアメリカに対し、共同出兵を提案し、英仏両国も歓迎の意を明らかにしたが、アメリカはこれを拒否した。

寺内内閣は外交調査会の動向を考慮し、出兵に向けて積極的な動きはしなかったが、それでも満州里を本拠に反革命軍を組織したセミョーノフ（コサックの指導者）に武器援助を決定したり、海軍の陸戦隊をウラジオストックに上陸させたりしていた。また、佐藤尚武ハルビン総領事らはホルヴァート中東鉄道（東清鉄道）長官への武器援助や兵力の援助を政府に申請したりしていた。ホルヴァートは中東鉄道の管理権を渡すようボルシェビキに迫られ、北京公使団に連合国軍派遣を要請したが、公使団はそれを拒否した。しかし、公使団は北京政府に軍の出動を要請したところ、北京政府はこれを承諾し、軍を派遣してホルヴァートを擁護しつつ、ボルシェビキの弾圧に乗り出した。要は、ロシア革命の勃発によりシベリアさらに極東ロシアに巨大な政治的空白が生じ、日本をはじめ連合国は領土的な野心から又は戦略上の見地からシベリアに注目するに至ったのである。

出兵に否定的であったアメリカが態度を変えるのは、チェリアビンスク事件（一九一八年五月一四日発生）とソビエト中央がチェク軍に対する方針転換をした時からである。先に触れたように、この事件以降、シベリア鉄道沿線チェク軍とボルシェビキ（赤軍）との間に武力衝突が頻発し、シベリア鉄道沿線の拠点都市はチェク軍に占領された。シベリア各都市における反ボルシェビキ政権の樹立は程なくボルシェビキ中央軍とチェク軍との全面衝突につながるであろう。フランスはこの機を逃さなかった。五月下旬に至り、フランスは著名な哲学者ベルグソンを団長とする使節団をアメリカに派遣し、チェク軍救出のためのシベリア派兵を各方面に働きかけた。

この時水野は、日本が二個師団を出せばザバイカル方面の治安を保つことが可能であると考え、さらに「日本兵力にてホルワツトを ch と和解せしめんとす」（五月一九日の条）と、日本が出兵し、日本軍の力でホルヴァートが管理している中東鉄道によって、チェク軍をハルビン経由でウラジオまで送り届けるのが良策と考えていたようである。

さてアメリカは、フランスに続きイギリスのチェク軍救出要請を受け、一九一八年七月、日本を含む連合国側四カ国（日英仏伊）に対し、ウラジオストックへの共同出兵を提案したのである。それは大統領W・ウイルソンの主導により決定され、日米両国がそれぞれ七千の兵力を出し、ウラジオストックの拠点を確保する、というものであったが、アメリカの提案を受けた日本側では出兵の範囲をウラジオストックに限定するべきではなく、兵力についてももっと大きくするべきとの強硬意見が参謀本部を中心に存在した。外交調査会において出兵に反対した原や牧野ではあったが、対米協調では一貫しており、アメリカの提案を受け、共に彼らは限定的出兵論に転じた。出兵について外交調査会や元老たちの同意を得た寺内内閣はアメリカに対し、その範囲や兵力量には必ずしも限定せられるべきではないと留保しつつ、その提案に応ずると回答した。

こうして、大正七年八月、日米両軍はウラジオストックに上陸したが、日本軍は北上した南満州軍と協同してシベリアに進攻した。進攻した日本軍は六万を数えた。そしてチェコ軍救出の後も、日本軍はシベリアに駐留し続けたのである。

（西尾）

【参考文献】

内藤一成『貴族院と立憲政治』（思文閣出版、二〇〇五年）
西尾林太郎『大正デモクラシーの時代と貴族院』（成文堂、二〇〇五年）
細谷千博『シベリア出兵の史的研究』（新泉社、一九七六年）
『水野直子を語る―水野直追憶座談会録―』（尚友倶楽部、二〇〇六年、初出一九三〇年）
中野実「水野直教育関係文書・教育調査会関係資料（一）」（『東京大学史紀要』三、一九八〇年）
伊藤隆編『大正初期山県有朋談話筆記・政変思出草』（山川出版社、一九八一年）
尚友倶楽部・内藤一成編『田健治郎日記』三（芙蓉書房出版、二〇一二年）

水野　直　略年譜

明治一二年　一月　五日　男爵水野忠幹の五男として東京麹町平河町に出生
明治一七年一〇月　子爵水野忠愛（旧結城藩主）の養子となり家督を相続
明治三二年　学習院高等科卒業
明治三五年　七月一九日　子爵水野忠敬三女貞子と結婚
明治三六年　七月　東京帝国大学法科大学卒業
明治三七年　六月二七日　長男勝邦誕生
　　七月一〇日　貴族院子爵互選議員に当選
明治三九年　四月　叙勲四等授旭日小綬章
明治四〇年　四月一九日　長女廉子誕生
明治四一年　五月　五日　子爵会事務委員に当選、研究会入会
明治四二年　四月二一日　尚友会幹事に当選
明治四三年一一月　二日　次男博誕生
明治四四年　七月一〇日　貴族院子爵互選議員に再選
大正　二年　六月三〇日　教育調査会会員被仰付
大正　三年一二月一八日　次女俶江誕生
大正　五年　四月　一日　叙勲三等授瑞宝章
　　四月二五日　研究会常務委員に当選
大正　六年　四月二〇日　研究会常務委員に再選
　　九月二〇日　臨時教育会議委員被仰付
大正　七年　三月二六日　学習院評議員被仰付
　　四月二五日　研究会常務委員に再選

七月一〇日　貴族院子爵互選議員に再選
八月　五日　次女俶江死去
大正　八年　五月一二日　研究会常務委員退任
五月二一日　三男顕誕生
五月　臨時教育委員会委員被仰付
五月　叙勲二等授瑞宝章
一一月　臨時教育委員会委員辞任
一二月一六日　学習院御用掛（勅任待遇）被仰付
大正　九年　三月　九日　鉄道院事務嘱託
三月　学習院評議員辞任
六月　五日　貴族院議員辞任、学習院御用掛辞任
大正一〇年　三月二九日　簡易生命保険事務嘱託
一〇月一五日　三女彌穂子誕生
大正一一年一〇月二一日　貴族院子爵互選議員に当選、研究会入会
大正一二年　四月一〇日　研究会を脱会し親和会入会
七月三〇日　親和会解散により研究会に復帰
大正一四年　三月二三日　研究会常務委員辞任
七月一〇日　貴族院子爵互選議員に再選
八月一〇日　陸軍政務次官就任
一二月　鉄道会議臨時委員被仰付
昭和　二年　四月二二日　陸軍政務次官辞任
昭和　三年　八月　対支文化事業調査委員被仰付
昭和　四年　四月三〇日　大井町坂下の自宅にて死去（五〇歳）、同日叙勲一等授瑞宝章

水野 直 関係系図

（紀州徳川家付家老）
新宮水野家
水野忠央 ―― 男爵 水野忠幹
（三河田原三宅家）釥子

水野忠幹の子：
- 宜
- **直**
- 貞央（片桐）
- 常（森英夫人）
- 忠武（芦田）
- 富子（川口武和夫人）
- 千代子（水野敏勝夫人）
- 重吉

結城水野家 …… 子爵 水野忠愛 ―― **直**
貞子

直・貞子の子：
- 勝邦
- 廉子
- 博
- 俶江
- 顕
- 彌穂子

沼津水野家 …… 子爵 水野忠敬
（大多喜大河内家）鍈子

水野忠敬の子：
- 忠亮
- 銓子（南部利克夫人・八戸南部家）
- **貞子**
- 進子（松平保男夫人・会津松平家）

鶴殿水野家 …… 子爵 水野忠寶 ―― 忠陽

山形水野家 …… 子爵 水野忠弘 ―― 忠美

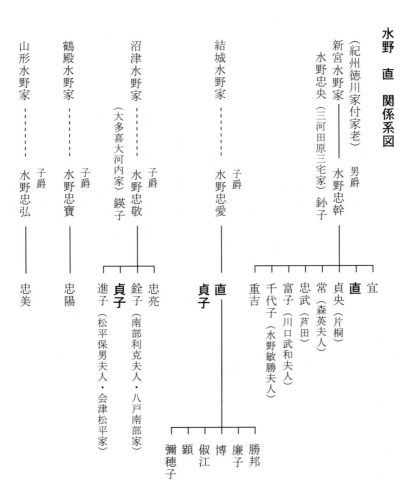

後記

上田 和子

尚友ブックレット第32号として、国立国会図書館憲政資料室所蔵の研究会所属貴族院議員・子爵水野直の日記から大正五・六年および懐中手帳大正七年を取り上げた。

貴族院の会派「研究会」は大正期に最大勢力となり、国政に大きな影響をもった。そしてこの時期は水野直がその領袖として活躍を始める時期でもある。

尚友倶楽部が公益事業として史料集の編纂刊行を始めるにあたって、大久保利謙氏は「まず水野直日記を」と助言されたが、以来三〇年の時を経てここに刊行に至った。

水野直令孫・水野勝之氏は本書の翻刻刊行を快諾され、水野家一族について種々御教示を賜った。また、東京大学名誉教授・伊藤隆氏には解読のご指導をいただき、愛知淑徳大学教授・西尾林太郎氏、霞会館非常勤嘱託員・松田好史氏には編集・校正、解説執筆を担当して頂いた。謹んで深謝申し上げる。

尚友倶楽部からは、上田和子、藤澤恵美子、松浦真（撮影担当）が編集作業を担当した。

本書が尚友倶楽部刊行の他の史料集同様、広く日本近代史研究に寄与することを願ってやまない。

編者

一般社団法人尚友倶楽部《しょうゆうくらぶ》

旧貴族院の会派「研究会」所属議員により1928年に設立された公益事業団体。学術研究助成、日本近代史関係資料の調査・研究に取り組んでいる。その成果は、『品川弥二郎関係文書』『山県有朋関係文書』『三島弥太郎関係文書』『阪谷芳郎東京市長日記』『田健治郎日記』などの資料集として叢書40冊、ブックレット出版31冊が出版されている。

西尾林太郎（にしお りんたろう）　愛知淑徳大学教授

1950年、愛知県生まれ。早稲田大学大学院政治学研究科博士後期課程単位取得満期退学。博士（政治学）。北陸大学法学部助教授、愛知淑徳大学現代社会学部教授を経て、現職。著書に『大正デモクラシーの時代と貴族院』（成文堂、2005年）、『大正デモクラシーと貴族院改革』（成文堂、2016年）、『水野錬太郎回想録・関係文書』（共編、山川出版社、1999年）など。

松田 好史（まつだ よしふみ）　霞会館非常勤嘱託員

1977年生まれ、鳥取県出身。早稲田大学第一文学部を経て早稲田大学大学院文学研究科博士後期課程満期退学。博士（文学）。著書に、『内大臣の研究—明治憲法体制と常侍輔弼—』（吉川弘文館、2014年）、『大久保家秘蔵写真—大久保利通とその一族—』（共編、国書刊行会、2013年）、『周布公平関係文書』（共編、芙蓉書房出版、2015年）がある。

貴族院《きぞくいん》 研究会《けんきゅうかい》の領袖《りょうしゅう》 水野直日記《みずのなおしにっき》

——大正5年～大正7年——

〔尚友ブックレット *32*〕

2017年11月20日　発行

編　集

尚友倶楽部史料調査室《しょうゆうくらぶしりょうちょうさしつ》・西尾林太郎《にしおりんたろう》・松田好史《まつだよしふみ》

発　行

(株)芙蓉書房出版

（代表 平澤公裕）

〒113-0033東京都文京区本郷3-3-13

TEL 03-3813-4466　FAX 03-3813-4615

http://www.fuyoshobo.co.jp

ISBN978-4-8295-0726-1